Dieser Band enthält sieben Erzählungen aus der deutschen Literatur des zu Ende gehenden und schon vergangenen Habsburgerreiches. Den deutschen Originaltexten ist eine englische Übersetzung gegenübergestellt.

This volume contains seven stories of German literature from the time of the end of the Habsburg Monarchy. The German text is accompanied with an English version on the right side.

Die Autoren · The authors: Hugo von Hofmannsthal, Arthur Schnitzler, Rainer Maria Rilke, Joseph Roth, Franz Kafka, Robert Musil, Heimito von Doderer.

dtv zweisprachig · Edition Langewiesche-Brandt

DEUTSCHE ERZÄHLUNGEN 2

GERMAN STORIES 2

Deutscher Taschenbuch Verlag

Übersetzungen von Cedric Hentschel,
H. Steinhauer & Helen Jessiman (Schnitzler),
Willa & Edwin Muir (Kafka)

© 1977 Deutscher Taschenbuch Verlag GmbH & Co. KG, München
16.–18. Tausend Februar 1988
Lizenz-Angaben auf Seite 153
Umschlagentwurf: Celestino Piatti
Gesamtherstellung: Kösel, Kempten
ISBN 3-423-09128-2. Printed in Germany

Hugo von Hofmannsthal
Reitergeschichte

Den 22. Juli 1848, vor 6 Uhr morgens, verließ ein Streifkommando
die zweite Eskadron von Wallmodenkürassieren, Rittmeister Baron
Rofrano mit einhundertsieben Reitern, das Kasino San Alessandro
und ritt gegen Mailand. Über der freien, glänzenden Landschaft lag
eine unbeschreibliche Stille; von den Gipfeln der fernen Berge
stiegen Morgenwolken wie stille Rauchwolken gegen den leuchten-
den Himmel; der Mais stand regungslos und zwischen Baumgrup-
pen, die aussahen wie gewaschen, glänzten Landhäuser und Kirchen
her. Kaum hatte das Streifkommando die äußerste Vorpostenlinie
der eigenen Armee etwa um eine Meile hinter sich gelassen, als
zwischen den Maisfeldern Waffen aufblitzten und die Avantgarde
feindliche Fußtruppen meldete. Die Schwadron formierte sich neben
der Landstraße zur Attacke, wurde von eigentümlich lauten, fast
miauenden Kugeln überschwirrt, attackierte querfeldein und trieb
einen Trupp ungleichmäßig bewaffneter Menschen wie die Wach-
teln vor sich her. Es waren Leute der Legion Manaras, mit
sonderbaren Kopfbedeckungen. Die Gefangenen wurden einem
Korporal und acht Gemeinen übergeben und nach rückwärts
geschickt. Vor einer schönen Villa, deren Zufahrt uralte Zypressen
flankierten, meldete die Avantgarde verdächtige Gestalten. Der
Wachtmeister Anton Lerch saß ab, nahm zwölf mit Karabinern
bewaffnete Leute, umstellte die Fenster und nahm achtzehn
Studenten der Pisaner Legion gefangen, wohlerzogene und hübsche
junge Leute mit weißen Händen und halblangem Haar. Eine halbe
Stunde später hob die Schwadron einen Mann auf, der in der Tracht
eines Bergamasken vorüberging und durch sein allzu harmloses und
unscheinbares Auftreten verdächtig wurde. Der Mann trug im
Rockfutter eingenäht die wichtigsten Detailpläne, die Errichtung
von Freikorps in den Giudikarien und deren Kooperation mit der
piemontesischen Armee betreffend. Gegen 10 Uhr vormittags fiel

6

Hugo von Hofmannsthal
A Tale of the Cavalry

On the 22nd of July 1848, at six o'clock in the morning, a reconnaissance patrol, the second squadron of the Wallmoden cuirassiers, Captain Baron Rofrano with one hundred and seven mounted men, left the Casino San Alessandro and rode off in the direction of Milan. An indescribable quietude lay over the open, shining landscape; from the summits of the distant mountains morning clouds rose like clouds of smoke against the radiant sky; the maize stood without motion, and between clumps of trees, which wore a washed look, country mansions and churches shone forth. Hardly had the patrol left their own army's most advanced line of outposts about a mile to the rear when weapons began to flash between the fields of maize, and the van reported enemy troops on foot. The squadron formed for the attack beside the highway while strangely loud, almost caterwauling bullets droned overhead, attacked across country and drove before them, like quails, a gang of fellows who were not uniformly armed. These were folk from the Manara Legion, wearing peculiar head-gear. The prisoners were handed over to a corporal and eight privates and sent to the rear. In front of a lovely villa, flanked along its drive by hoary cypresses, the van reported suspect figures. Sergeant Anton Lerch dismounted, took twelve men along armed with carbines, surrounded the windows and made captive eighteen students of the Pisa Legion, well-bred and good-looking young people with white hands and rather long hair. Half an hour later the squadron picked up a man who was trudging past rigged in the Bergamo costume and who aroused suspicion through his too guileless and inconspicuous manner. This fellow carried, sewn in his jacket-lining, highly important, detailed plans concerning the establishment of a volunteer corps in the Giudecca and its cooperation with the Piedmontese army. Towards ten o'clock a herd of cattle fell into the

dem Streifkommando eine Herde Vieh in die Hände. Unmittelbar nachher stellte sich ihm ein starker feindlicher Trupp entgegen und beschoß die Avantgarde von einer Friedhofsmauer aus. Der Tete-Zug des Leutnants Grafen Trautsohn übersprang die niedrige Mauer und hieb zwischen den Gräbern auf die ganz verwirrten Feindlichen ein, von denen ein großer Teil in die Kirche und von dort durch die Sakristeitür in ein dichtes Gehölz sich rettete. Die siebenundzwanzig neuen Gefangenen meldeten sich als neapolitanische Freischaren unter päpstlichen Offizieren. Die Schwadron hatte einen Toten. Einer das Gehölz umreitenden Rotte, bestehend aus dem Gefreiten Wotrubek und den Dragonern Holl und Haindl, fiel eine mit zwei Ackergäulen bespannte leichte Haubitze in die Hände, indem sie auf die Bedeckung einhieben und die Gäule am Kopfzeug packten und umwendeten. Der Gefreite Wotrubek wurde als leicht verwundet mit der Meldung der bestandenen Gefechte und anderer Glücksfälle ins Hauptquartier zurückgeschickt, die Gefangenen gleichfalls nach rückwärts transportiert, die Haubitze aber von der nach abgegebener Eskorte noch achtundsiebzig Reiter zählenden Eskadron mitgenommen.

Nachdem laut übereinstimmender Aussagen der verschiedenen Gefangenen die Stadt Mailand von den feindlichen sowohl regulären als irregulären Truppen vollständig verlassen, auch von allem Geschütz und Kriegsvorrat entblößt war, konnte der Rittmeister sich selbst und der Schwadron nicht versagen, in diese große und schöne, wehrlos daliegende Stadt einzureiten. Unter dem Geläute der Mittagsglocken, der Generalmarsch von den vier Trompeten hinaufgeschmettert in den stählern funkelnden Himmel, an tausend Fenstern hinklirrend und zurückgeblitzt auf achtundsiebzig Kürasse, achtundsiebzig aufgestemmte nackte Klingen; Straße rechts, Straße links wie ein aufgewühlter Ameishaufen sich füllend mit staunenden Gesichtern; fluchende und erbleichende Gestalten hinter Haustoren verschwindend, verschlafene Fenster aufgerissen von den entblößten Armen schöner Unbekannter; vorbei an Santa Babila, an San Fedele, an San Carlo, am weltberühmten marmornen

hands of the patrol. Immediately after a strong enemy band pitted itself against them and shot at the van from behind a cemetery wall. The leading column under Lieutenant Count Trautsohn vaulted the low wall and, amid the graves, hacked away at the quite confused foe, a large part of whom got away into the church and thence through the door of the sacristy into a dense copse. The twenty-seven new prisoners reported themselves as Neapolitan irregulars serving under papal officers.

The squadron had one dead man. On riding round the copse, a detachment consisting of Private Wotrubek and the dragoons Holl and Haindl managed to secure a light howitzer, drawn by two farm-horses, by lashing out at the escorts, seizing the nags by their head-gear and turning them round. Private Wotrubek, having a light wound, was sent back to headquarters to report on the skirmishes successfully accomplished and other strokes of fortune; the prisoners were likewise transported to the rear, but the howitzer was taken along by the squadron – now mustering, after assignment of the escort, seventy-eight mounted men.

Since, according to the consistent statements made by the various prisoners, the city of Milan had been completely abandoned by the regular as well as irregular enemy troops and stripped of all cannon and war supplies, the Captain could not gainsay himself and the squadron the pleasure of riding into the large and beautiful city lying defenceless before them.

To the pealing of the noontide bells, the general advance blared upwards by the four trumpets into the steely glitter of the sky, clashing against a thousand windows and flashed back upon seventy-eight cuirasses, seventy-eight raised, naked blades; street to the right, street to the left like a disturbed ant-heap, filling up with amazed faces; cursing and blenching figures vanishing behind the doors of houses, drowsy windows thrust open by the bared arms of unknown fair ones; past Santa Babila, past San Fedele, past San Carlo, past the world-famous marble Cathedral,

Dom, an San Satiro, San Giorgio, San Lorenzo, San Eustorgio; deren uralte Erztore alle sich auftuend und unter Kerzenschein und Weihrauchqualm silberne Heilige und brokatgekleidete strahlenäugige Frauen hervorwinkend; aus tausend Dachkammern, dunklen Torbogen, niedrigen Butiken Schüsse zu gewärtigen, und immer wieder nur halbwüchsige Mädchen und Buben, die weißen Zähne und dunklen Haare zeigend; vom trabenden Pferde herab funkelnden Auges auf alles dies hervorblickend aus einer Larve von blutgesprengtem Staub; zur Porta Venezia hinein zur Porta Ticinese wieder hinaus: so ritt die schöne Schwadron durch Mailand.

Nicht weit vom letztgenannten Stadttor, wo sich ein mit hübschen Platanen bewachsenes Glacis erstreckte, glaubte der Wachtmeister Anton Lerch am ebenerdigen Fenster eines neugebauten hellgelben Hauses ein ihm bekanntes weibliches Gesicht zu sehen. Neugierde bewog ihn, sich im Sattel umzuwenden, und da er gleichzeitig aus einigen steifen Tritten seines Pferdes vermutete, es hätte in eines der vorderen Eisen einen Straßenstein eingetreten, er auch an der Queue der Eskadron ritt und ohne Störung aus dem Gliede konnte, so bewog ihn alles dies zusammen, abzusitzen, und zwar nachdem er gerade das Vorderteil seines Pferdes in den Flur des betreffenden Hauses gelenkt hatte. Kaum hatte er hier den zweiten weißgestiefelten Vorderfuß seines Braunen in die Höhe gehoben, um den Huf zu prüfen, als wirklich eine aus dem Innern des Hauses ganz vorne in den Flur mündende Zimmertür aufging und in einem etwas zerstörten Morgenanzug eine üppige, beinahe noch junge Frau sichtbar wurde, hinter ihr aber ein helles Zimmer mit Gartenfenstern, worauf ein paar Töpfchen Basilika und rote Pelargonien, ferner mit einem Mahagonischrank und einer mythologischen Gruppe aus Biskuit dem Wachtmeister sich zeigte, während seinem scharfen Blick noch gleichzeitig in einem Pfeilerspiegel die Gegenwand des Zimmers sich verriet, ausgefüllt von einem großen weißen Bette und einer Tapetentür, durch welche sich ein beleibter, vollständig rasierter älterer Mann im Augenblicke zurückzog.

past San Satiro, San Giorgio, San Lorenzo, San Eustorgio; their age-old bronze doors all opening up and, amid candle-light and a haze of incense, silver saints and women with sparkling eyes, dressed in brocade, beckoning; the expectancy of shots fired from a thousand attics, dark arched gateways, humble shops, and, time and again, nothing but half-grown lasses and lads showing their white teeth and dark hair; gazing down on all this, eyes a-glitter, from one's trotting steed, through a mask of dust sprinkled with blood; in at the Porta Venezia, out again at the Porta Ticinese: thus did the handsome squadron ride through Milan.

Not far from the last-named city-gate, where a glacis spread its length, overgrown with fine plane-trees, Sergeant Anton Lerch thought he saw a woman's face he recognized at the ground-floor window of a newly built, bright-yellow house. Curiosity impelled him to turn round in his saddle, and as he simultaneously guessed, from a few stiff strides his horse took, that it might have trodden a cobble-stone into one of its front shoes and he was also riding at the tail-end of the squadron and so could fall out of file without disturbance – all this taken together impelled him to dismount, moreover just after he had guided his horse's head into the entrance-passage of the house he had noticed. Hardly had he here lifted up the second white-booted forefoot of his brown steed, to inspect the hoof, when a room-door leading from the interior of the house and exiting right at the front of the entrance-passage did indeed open, and a voluptuous woman, still almost youthful, wearing a somewhat dishevelled morning-gown, came into sight; behind her however a bright room revealed itself to the Sergeant, with windows giving on to a garden at which stood a few small pots of basil and red pelargonias, a room further adorned with a mahogany cabinet and a mythological group in unglazed pottery, while at the self-same instant, in a pier-glass, there was disclosed to his keen gaze the room's opposite wall, wholly taken up by a large white bed and a concealed door, through which a corpulent, clean-shaven, elderly man was at that moment withdrawing.

Indem aber dem Wachtmeister der Name der Frau einfiel und gleichzeitig eine Menge anderes: daß es die Witwe oder geschiedene Frau eines kroatischen Rechnungsunteroffiziers war, daß er mit ihr vor neun oder zehn Jahren in Wien in Gesellschaft eines anderen, ihres damaligen eigentlichen Liebhabers, einige Abende und halbe Nächte verbracht hatte, suchte er nun mit den Augen unter ihrer jetzigen Fülle die damalige üppig-magere Gestalt wieder hervorzuziehen. Die Dastehende aber lächelte ihn in einer halb geschmeichelten slawischen Weise an, die ihm das Blut in den starken Hals und unter die Augen trieb, während eine gewisse gezierte Manier, mit der sie ihn anredete, sowie auch der Morgenanzug und die Zimmereinrichtung ihn einschüchterten. Im Augenblick aber, während er mit etwas schwerfälligem Blick einer großen Fliege nachsah, die über den Haarkamm der Frau lief, und äußerlich auf nichts achtete, als wie er seine Hand, diese Fliege zu scheuchen, sogleich auf den weißen, warm und kühlen Nacken legen würde, erfüllte ihn das Bewußtsein der heute bestandenen Gefechte und anderer Glücksfälle von oben bis unten, so daß er ihren Kopf mit schwerer Hand nach vorwärts drückte und dazu sagte: «Vuic» – diesen ihren Namen hatte er gewiß seit zehn Jahren nicht wieder in den Mund genommen und ihren Taufnamen vollständig vergessen –, «in acht Tagen rücken wir ein, und dann wird das da mein Quartier», auf die halboffene Zimmertür deutend. Unter dem hörte er im Hause mehrfach Türen zuschlagen, fühlte sich von seinem Pferde, zuerst durch stummes Zerren am Zaum, dann, indem es laut den anderen nachwieherte, fortgedrängt, saß auf und trabte der Schwadron nach, ohne von der Vuic eine andere Antwort als ein verlegenes Lachen mit in den Nacken gezogenem Kopf mitzunehmen. Das ausgesprochene Wort aber machte seine Gewalt geltend. Seitwärts der Rottenkolonne, einen nicht mehr frischen Schritt reitend, unter der schweren metallischen Glut des Himmels, den Blick in der mitwandernden Staubwolke verfangen, lebte sich der Wachtmeister immer mehr in das Zimmer mit den Mahagonimöbeln und den Basilikumtöpfen hinein und zugleich in eine Zivil-

Since however the Sergeant recalled the woman's name and, simultaneously, much else beside: that she was the widow or divorced wife of a non-commissioned Croatian officer in the paycorps, that nine or ten years before in Vienna, in the company of another, her then real lover, he had spent a number of evenings and half the night with her, he now sought once more to extract with his eyes her then ripe yet slender figure from beneath its present bulk. But standing thus she smiled at him in a half-flattered, Slav manner which sent the blood coursing into his strong neck and beneath his eyes, while a certain affected way in which she addressed him, as well as her morning-gown and the appointments of the room intimidated him.

Yet at that moment when with a somewhat ponderous gaze he watched a large fly which was running across the woman's hair-comb and outwardly he was heeding nothing, save that to drive off the fly he would at once place his hand on the white, warm and cool nape of her neck, consciousness of the fighting happily resolved that day and of other strokes of fortune flooded in upon him from top to toe, so that he heavy-handedly pressed her head forward while saying: "Vuic" (this name of hers had certainly not re-crossed his lips for ten years past, and he had entirely forgotten her baptismal name), "a week today we'll be moving in, and that'll be my billet then" – pointing to the half-open door. Meantime he repeatedly heard doors in the house slammed to, felt how he was being urged on his way by his horse, at first by silent tugging at the bridle, then by its neighing loudly after the others, mounted and trotted after the squadron, without carrying with him any other reply from the Vuic than an embarrassed laugh, her head thrust back into her neck. The words uttered however established his power. To one side of the column formed by his squad, riding at a pace no longer lively, beneath the heavy, metallic glow of the sky, his gaze caught in the cloud of dust that wandered with them, the Sergeant projected his life ever more fully into the room with the mahogany furniture and the pots of basil and at the same time into

atmosphäre, durch welche doch das Kriegsmäßige durchschimmerte, eine Atmosphäre von Behaglichkeit und angenehmer Gewalttätigkeit ohne Dienstverhältnis, eine Existenz in Hausschuhen, den Korb des Säbels durch die linke Tasche des Schlafrockes durchgesteckt. Der rasierte, beleibte Mann, der durch die Tapetentür verschwunden war, ein Mittelding zwischen Geistlichem und pensioniertem Kammerdiener, spielte darin eine bedeutende Rolle, fast mehr noch als das schöne breite Bett und die feine weiße Haut der Vuic. Der Rasierte nahm bald die Stelle eines vertraulich behandelten, etwas unterwürfigen Freundes ein, der Hoftratsch erzählte, Tabak und Kapaunen brachte, bald wurde er an die Wand gedrückt, mußte Schweigegelder zahlen, stand mit allen möglichen Umtrieben in Verbindung, war piemontesischer Vertrauter, päpstlicher Koch, Kuppler, Besitzer verdächtiger Häuser mit dunklen Gartensälen für politische Zusammenkünfte, und wuchs zu einer schwammigen Riesengestalt, der man an zwanzig Stellen Spundlöcher in den Leib schlagen und statt Blut Gold abzapfen konnte.

Dem Streifkommando begegnete in den Nachmittagsstunden nichts Neues, und die Träumereien des Wachtmeisters erfuhren keine Hemmungen. Aber in ihm war ein Durst nach unerwartetem Erwerb, nach Gratifikationen, nach plötzlich in die Tasche fallenden Dukaten rege geworden. Denn der Gedanke an das bevorstehende erste Eintreten in das Zimmer mit den Mahagonimöbeln war der Splitter im Fleisch, um den herum alles von Wünschen und Begierden schwärte.

Als nun gegen Abend das Streifkommando mit gefütterten und halbwegs ausgerasteten Pferden in einem Bogen gegen Lodi und die Addabrücke vorzudringen suchte, wo denn doch Fühlung mit dem Feind sehr zu gewärtigen war, schien dem Wachtmeister ein von der Landstraße abliegendes Dorf, mit halbverfallenem Glockenturm in einer dunkelnden Mulde gelagert, auf verlockende Weise verdächtig, so daß er, die Gemeinen Holl und Scarmolin zu sich winkend, mit diesen beiden vom Marsche der Eskadron seitlich abbog und in dem Dorfe geradezu einen feindlichen General mit geringer

a civilian atmosphere in which the martial element still shone through – an atmosphere of coziness and agreeable violence without the tie of service, a slippered existence with the guard of his sword tucked through the left pocket of his dressing-gown. The shaven, corpulent fellow who had disappeared through the concealed door, a cross between a parson and a pensioned valet, played a notable part in all this, even almost more than the fine broad bed and the delicate white skin of the Vuic. The shaven one soon took on the role of a somewhat servile friend, treated as a confidant, who recounted Court gossip, brought tobacco and capons; soon he was thrust against the wall, had to pay hush-money, was involved in all manner of intrigues, was in the confidence of the Piedmontese, a papal cook, procurer, owner of shady houses providing murky garden-rooms for political meetings, and grew into a giant, sponge-like figure into whose body bung-holes could be driven in twenty places and whence, instead of blood, gold could be drawn off.

Nothing new befell the reconnaissance patrol during the afternoon hours, and the Sergeant's reveries met with no hindrances. But a thirst for unexpected gain, for gratuities, for ducats falling suddenly into his pocket had grown lively in him.

For the thought of the imminent first entry into the room with the mahogany furniture was the thorn in the flesh around which everything rankled with desires and lusts.

When now, towards evening, the patrol, riding horses foddered and fairly well rested, sought to press forward in an arc towards Lodi and the bridge across the Adda, where contact with the enemy was surely much to be expected, a village lying off the highway, with a bell-tower half crumbled in ruins, situated in a twilit trough, seemed to the Sergeant appealingly suspect, so that, beckoning privates Holl and Scarmolin to his side, he turned off laterally from the squadron's march and hoped to surprise and attack nothing less than an enemy general with a paltry escort, or to win a quite

Bedeckung zu überraschen und anzugreifen oder anderswie ein ganz außerordentliches Prämium zu verdienen hoffte, so aufgeregt war seine Einbildung. Vor dem elenden, scheinbar verödeten Nest angelangt, befahl er dem Scarmolin links, dem Holl rechts die Häuser außen zu umreiten, während er selbst, Pistole in der Faust, die Straße durchzugaloppieren sich anschickte, bald aber, harte Steinplatten unter sich fühlend, auf welchen noch dazu irgendein glitschriges Fett ausgegossen war, sein Pferd in Schritt parieren mußte. Das Dorf blieb totenstill; kein Kind, kein Vogel, kein Lufthauch. Rechts und links standen schmutzige kleine Häuser, von deren Wänden der Mörtel abgefallen war; auf den nackten Ziegeln war hie und da etwas Häßliches mit Kohle gezeichnet; zwischen bloßgelegten Türpfosten ins Innere schauend, sah der Wachtmeister hie und da eine faule, halbnackte Gestalt auf einer Bettstatt lungern oder schleppend, wie mit ausgerenkten Hüften, durchs Zimmer gehen. Sein Pferd ging schwer und schob die Hinterbeine mühsam unter, wie wenn sie von Blei wären. Indem er sich umwendete und bückte, um nach dem rückwärtigen Eisen zu sehen, schlürften Schritte aus einem Hause, und da er sich aufrichtete, ging dicht vor seinem Pferde eine Frauensperson, deren Gesicht er nicht sehen konnte. Sie war nur halb angekleidet; ihr schmutziger, abgerissener Rock von geblümter Seide schleppte im Rinnsal, ihre nackten Füße staken in schmutzigen Pantoffeln; sie ging so dicht vor dem Pferde, daß der Hauch aus den Nüstern den fettig glänzenden Lockenbund bewegte, der ihr unter einem alten Strohhute in den entblößten Nacken hing, und doch ging sie nicht schneller und wich dem Reiter nicht aus. Unter einer Türschwelle zur Linken rollten zwei ineinander verbissene blutende Ratten in die Mitte der Straße, von denen die unterliegende so jämmerlich aufschrie, daß das Pferd des Wachtmeisters sich verhielt und mit schiefem Kopf und hörbarem Atem gegen den Boden stierte. Ein Schenkeldruck brachte es wieder vorwärts, und nun war die Frau in einem Hausflur verschwunden, ohne daß der Wachtmeister hatte ihr Gesicht sehen können. Aus dem nächsten Hause lief eilfertig mit gehobenem Kopfe ein Hund

exceptional bonus in some other way, so aroused was his phantasy. Having arrived before the wretched, apparently desolate hole, he bade Scarmolin ride round the backs of the houses to the left, Holl to the right, while he himself, fisting a pistol, made ready to gallop through the street, soon however, feeling hard stone slabs beneath him, on which moreover some sort of slithery fat had been poured out, was obliged to curb his horse to a walking pace. The village remained still as death; no child, no bird, no breath of air. To right and left stood small, dirty hovels, from whose walls the mortar had fallen away; here and there upon the naked bricks something ugly had been drawn with charcoal; gazing within between the bared door-posts, the Sergeant here and there glimpsed a sluggish, half-naked figure lolling on a bedstead or walking across the room with a dragging gait, as though its hips were dislocated.

His horse was treading heavily and thrusting its rear-legs laboriously beneath him as though they were of lead. As he was turning round and bending down to have a look at the rear shoe, footsteps came shuffling from a house, and when he sat upright, a wench whose face he could not see was walking close in front of his horse. She was only half dressed; her dirty, tattered skirt of flowered silk dragged in the gutter, her naked feet were tucked in filthy slippers; she was walking so close in front of the horse that the breath from its nostrils disturbed the cluster of ringlets, glistening with fat, which hung down below an old straw hat on to her bared neck, and yet she went no faster and did not dodge away from the rider. From under a door-sill on the left, two bleeding rats, their teeth buried in each other, came rolling out into the middle of the road, of which the one lying beneath let out such an anguished squeal that the Sergeant's horse checked and, its head held askew and panting audibly, stared at the ground. Pressure from his thighs made it move on again, and now the woman had vanished in the lobby of a house without the Sergeant's managing to glimpse her face. From the neighbouring

heraus, ließ einen Knochen in der Mitte der Straße fallen und versuchte ihn in einer Fuge des Pflasters zu verscharren. Es war eine weiße unreine Hündin mit hängenden Zitzen; mit teuflischer Hingabe scharrte sie, packte dann den Knochen mit den Zähnen und trug ihn ein Stück weiter. Indessen sie wieder zu scharren anfing, waren schon drei Hunde bei ihr: zwei waren sehr jung, mit weichen Knochen und schlaffer Haut; ohne zu bellen und ohne beißen zu können, zogen sie einander mit stumpfen Zähnen an den Lefzen. Der Hund, der zugleich mit ihnen gekommen war, war ein lichtgelbes Windspiel von so aufgeschwollenem Leib, daß es nur ganz langsam auf den vier dünnen Beinen sich weitertragen konnte. An dem dicken wie eine Trommel gespannten Leib erschien der Kopf viel zu klein; in den kleinen ruhelosen Augen war ein entsetzlicher Ausdruck von Schmerz und Beklemmung. Sogleich sprangen noch zwei Hunde hinzu: ein magerer, weißer, von äußerst gieriger Häßlichkeit, dem schwarze Rinnen von den entzündeten Augen herunterliefen, und ein schlechter Dachshund auf hohen Beinen. Dieser hob seinen Kopf gegen den Wachtmeister und schaute ihn an. Er mußte sehr alt sein. Seine Augen waren unendlich müde und traurig. Die Hündin aber lief in blöder Hast vor dem Reiter hin und her; die beiden jungen schnappten lautlos mit ihrem weichen Maul nach den Fesseln des Pferdes, und das Windspiel schleppte seinen entsetzlichen Leib hart vor den Hufen. Der Braun konnte keinen Schritt mehr tun. Als aber der Wachtmeister seine Pistole auf eines der Tiere abdrücken wollte und die Pistole versagte, gab er dem Pferde beide Sporen und dröhnte über das Steinpflaster hin. Nach wenigen Sätzen aber mußte er das Pferd scharf parieren. Denn hier sperrte eine Kuh den Weg, die ein Bursche mit gespanntem Strick zur Schlachtbank zerrte. Die Kuh aber, von dem Dunst des Blutes und der an den Türpfosten genagelten frischen Haut eines schwarzen Kalbes zurückschaudernd, stemmte sich auf ihren Füßen, sog mit geblähten Nüstern den rötlichen Sonnendunst des Abends in sich und riß sich, bevor der Bursche sie mit Prügel und Strick hinüberbekam, mit kläglichen Augen noch ein Maulvoll von dem

house a dog ran hastily out, its head raised, let a bone drop in the middle of the street and tried to bury it in a paving-joint. She was a white mongrel bitch with drooping teats; she scratched away with devilish abandon, then seized the bone with her teeth and carried it a bit farther. Already as she began to scratch once more, three dogs were at her side: two were very young, with soft bones and loose skin; without being able to bark or bite, they tugged one another by their jowls with blunt teeth. The dog that had turned up with them at the same instant was a pale-yellow greyhound, with such a bloated body that it could only drag itself along quite slowly on its four thin legs. Its head looked much too small for its fat body, that seemed taut as a drum; in its small, restless eyes lay a dreadful expression of pain and anxiety. At once yet two more dogs leaped amongst them: a lean, white beast, as rapaciously ugly as could be, with black channels running down from its inflamed eyes, and an inferior, tall-legged dachshund. The latter lifted its head towards the Sergeant and gazed at him. It must have been very old. Its eyes were infinitely weary and sad. But the bitch ran to and fro in front of the horseman with idiotic haste; the two puppies snapped soundlessly at the horse's fetlocks with their soft muzzles, and the greyhound dragged its appalling body along close before the hooves. The brown mount was unable to proceed another pace.

But when the Sergeant wanted to fire his pistol at one of the beasts and the pistol jammed, he dug both spurs into his horse and clattered away across the stone paving. Yet after a few bounds he had to rein the horse in sharply. For here a cow barred the path, which a lad was pulling on a taut rope to the butcher's stall. The cow however, shuddering back from the fume of blood and the fresh skin of a black calf nailed to the door-post, planted itself squarely on its feet, inhaled the reddish haze of the evening sun with flaring nostrils and, before the lad drove her across with blows and the rope, tore off with mournful gaze one more mouthful of the hay which the Sergeant had fastened

Heu ab, das der Wachtmeister vorne am Sattel befestigt hatte. Er hatte nun das letzte Haus des Dorfes hinter sich und konnte, zwischen zwei niedrigen, abgebröckelten Mauern reitend, jenseits einer alten einbogigen Steinbrücke über einen anscheinend trockenen Graben den weiteren Verlauf des Weges absehen, fühlte aber in der Gangart seines Pferdes eine so unbeschreibliche Schwere, ein solches Nichtvorwärtskommen, daß sich an seinem Blick jeder Fußbreit der Mauern rechts und links, ja jeder von den dort sitzenden Tausendfüßen und Asseln mühselig vorbeischob, und ihm war, als hätte er eine unmeßbare Zeit mit dem Durchreiten des widerwärtigen Dorfes verbracht. Wie nun zugleich aus der Brust seines Pferdes ein schwerer rohrender Atem hervordrang, er dies ihm völlig ungewohnte Geräusch aber nicht sogleich richtig erkannte und die Ursache davon zuerst über und neben sich und schließlich in der Entfernung suchte, bemerkte er jenseits der Steinbrücke und beiläufig in gleicher Entfernung von dieser als wie er sich selbst befand, einen Reiter des eigenen Regiments auf sich zukommen, und zwar einen Wachtmeister, und zwar auf einem Braunen mit weißgestiefelten Vorderbeinen. Da er nun wohl wußte, daß sich in der ganzen Schwadron kein solches Pferd befand, ausgenommen dasjenige, auf welchem er selbst in diesem Augenblicke saß, er das Gesicht des anderen Reiters aber immer noch nicht erkennen konnte, so trieb er ungeduldig sein Pferd sogar mit den Sporen zu einem sehr lebhaften Trab an, worauf auch der andere sein Tempo ganz im gleichen Maße verbesserte, so daß nun nur mehr ein Steinwurf sie trennte, und nun, indem die beiden Pferde, jedes von seiner Seite her, im gleichen Augenblick, jedes mit dem gleichen weißgestiefelten Vorfuß die Brücke betraten, der Wachtmeister, mit stierem Blick in der Erscheinung sich selber erkennend, wie sinnlos sein Pferd zurückriß und die rechte Hand mit ausgespreizten Fingern gegen das Wesen vorstreckte, worauf die Gestalt, gleichfalls parierend und die Rechte erhebend, plötzlich nicht da war, die Gemeinen Holl und Scarmolin mit unbefangenen Gesichtern von rechts und links aus dem trockenen Graben auftauchten und

at the front of his saddle. He had now left the last house in the village behind him and, riding between two low, crumbling walls, could make out, beyond an old single-arched stone bridge across an apparently dry ditch, the onward course of the road; but he sensed in his horse's gait such an unutterable heaviness, such a failure to make progress, that every foot's breadth of the walls to right and left, nay, each one of the centipedes and woodlice lurking there passed in toilsome review before his glance, and it seemed to him as if he had spent an immeasurable age riding through the loathsome village.

When at the same time a heavy, throttled gasping now forced itself from his horse's chest, but he did not at once fittingly recognize this noise, which was totally unfamiliar to him, and he sought its cause, at first above and beside him and finally in the distance, he descried on the far side of the stone bridge and, as it happened, at the same distance from it as he was himself, a rider from his own regiment making towards him, a sergeant no less, and seated on none other than a brown mount with white-booted forelegs.

Now since he well knew that in the entire squadron there was no such horse, apart from the one on which he was himself at that moment seated, but could still not recognize the other rider's face, he impatiently goaded his horse, even using the spurs, to a very brisk canter, whereupon the other accelerated his tempo at the same rate, so that now only a stone's throw separated them, and now as the two horses, each from its own side, each with the same white-booted front foot, simultaneously bestrode the bridge, the Sergeant, with glazed look recognizing himself in the apparition, pulled back his horse as though bereft of his senses and with fingers spread stretched out his right hand towards the being, whereupon the figure, likewise reining in and raising its right hand, was suddenly not there, as privates Holl and Scarmolin, their faces looking unconcerned, showed up from right and left out of

gleichzeitig über die Hutweide her, stark und aus gar nicht großer Entfernung, die Trompeten der Eskadron «Attacke» bliesen. Im stärksten Galopp eine Erdwelle hinansetzend, sah der Wachtmeister die Schwadron schon im Galopp auf ein Gehölz zu, aus welchem feindliche Reiter mit Piken eilfertig debouchierten; sah, indem er, die vier losen Zügel in der Linken versammelnd, den Handriemen um die Rechte schlang, den vierten Zug sich von der Schwadron ablösen und langsamer werden, war nun schon auf dröhnendem Boden, nun in starkem Staubgeruch, nun mitten im Feinde, hieb auf einen blauen Arm ein, der eine Pike führte, sah dicht neben sich das Gesicht des Rittmeisters mit weit aufgerissenen Augen und grimmig entblößten Zähnen, war dann plötzlich unter lauter feindlichen Gesichtern und fremden Farben eingekeilt, tauchte unter in lauter geschwungenen Klingen, stieß den nächsten in den Hals und vom Pferd herab, sah neben sich den Gemeinen Scarmolin mit lachendem Gesicht einem die Finger der Zügelhand ab- und tief in den Hals des Pferdes hineinhauen, fühlte die Mêlée sich lockern und war auf einmal allein, am Rand eines kleinen Baches, hinter einem feindlichen Offizier auf einem Eisenschimmel. Der Offizier wollte über den Bach; der Eisenschimmel versagte. Der Offizier riß ihn herum, wendete dem Wachtmeister ein junges, sehr bleiches Gesicht und die Mündung einer Pistole zu, als ihm ein Säbel in den Mund fuhr, in dessen kleiner Spitze die Wucht eines galoppierenden Pferdes zusammengedrängt war. Der Wachtmeister riß den Säbel zurück und erhaschte an der gleichen Stelle, wo die Finger des Herunterstürzenden ihn losgelassen hatten, den Stangenzügel des Eisenschimmels, der leicht und zierlich wie ein Reh die Füße über seinen sterbenden Herrn hinhob.

Als der Wachtmeister mit dem schönen Beutepferd zurückritt, warf die in schwerem Dunst untergehende Sonne eine ungeheure Röte über die Hutweide. Auch an solchen Stellen, wo gar keine Hufspuren waren, schienen ganze Lachen von Blut zu stehen. Ein roter Widerschein lag auf den weißen Uniformen und den lachenden Gesichtern, die Kürasse und Schabracken funkelten und glühten, und am stärksten drei kleine Feigenbäume, an deren weichen

the dry ditch, and at the same moment across the pasture, loudly and by no means at a remote distance, the trumpets of the squadron sounded the 'Attack'. Breasting an undulation at the fastest gallop, the Sergeant saw the squadron already galloping towards a copse, from which mounted foemen, bearing pikes, were hastily debouching; saw as, gathering the four loose reins in his left hand he wound the hand-thong about his right, the fourth column detach itself from the squadron and reduce pace, was now already on thudding soil, now amid a strong stench of dust, now in the thick of the enemy, lashed down at a blue arm carrying a pike, saw close beside him the Captain's face with his eyes flung wide open and his teeth savagely bared, was suddenly wedged in amongst a host of hostile faces and unfamiliar colours, submerged amongst a host of brandished blades, thrust the nearest man in the neck and down from his horse, saw Private Scarmolin beside him as, with laughing face, he smote a man's fingers from his bridle-hand and deeply into the neck of his horse, felt the mêlée loosen and all of a sudden was by himself, on the margin of a small stream, behind an enemy officer on an iron-grey. The officer wanted to cross the stream; the iron-grey refused. The officer wrenched him round, turned a young, very pale countenance and the mouth of a pistol towards the Sergeant, just as a sabre drove into his mouth, with the impetus of a galloping horse concentrated in its slight tip. The Sergeant wrenched his sabre back and seized, at the same spot where the plunging man's fingers had let go, the rein-rod of the iron-grey, which, as lightly and delicately as a deer, lifted its feet over its dying master.

As the Sergeant rode back with the handsome steed as booty, the sun, declining in a thick haze, cast a monstrous red glow across the pastureland. Even in such places where there were no hoof-marks entire pools of blood seemed to be standing. A red reflection lay on the white uniforms and the laughing faces, the cuirasses and saddle-cloths sparkled and glowed, and most strongly of all – three small fig-trees on whose soft leaves the riders had, amid laughter,

Blättern die Reiter lachend die Blutrinnen ihrer Säbel abgewischt hatten. Seitwärts der rotgefleckten Bäume hielt der Rittmeister und neben ihm der Eskadronstrompeter, der die wie in roten Saft getauchte Trompete an den Mund hob und Appell blies. Der Wachtmeister ritt von Zug zu Zug und sah, daß die Schwadron nicht einen Mann verloren und dafür neun Handpferde gewonnen hatte. Er ritt zum Rittmeister und meldete, immer den Eisenschimmel neben sich, der mit gehobenem Kopf tänzelte und Luft einzog, wie ein junges, schönes und eitles Pferd, das es war. Der Rittmeister hörte die Meldung nur zerstreut an. Er winkte den Leutnant Grafen Trautsohn zu sich, der dann sogleich absaß und mit sechs gleichfalls abgesessenen Kürassieren hinter der Front der Eskadron die erbeutete leichte Haubitze ausspannte, das Geschütz von den sechs Mannschaften zur Seite schleppen und in ein von dem Bach gebildetes kleines Sumpfwasser versenken ließ, hierauf wieder aufsaß und, nachdem er die nunmehr überflüssigen beiden Zuggäu-le mit der flachen Klinge fortgejagt hatte, stillschweigend seinen Platz vor dem ersten Zug wieder einnahm. Während dieser Zeit verhielt sich die in zwei Gliedern formierte Eskadron nicht eigentlich unruhig, es herrschte aber doch eine nicht ganz gewöhn-liche Stimmung, durch die Erregung von vier an einem Tage glücklich bestandenen Gefechten erklärlich, die sich im leichten Ausbrechen halb unterdrückten Lachens sowie in halblauten untereinander gewechselten Zurufen äußerte. Auch standen die Pferde nicht ruhig, besonders diejenigen, zwischen denen fremde erbeutete Pferde eingeschoben waren. Nach solchen Glücksfällen schien allen der Aufstellungsraum zu eng, und solche Reiter und Sieger verlangten sich innerlich, nun im offenen Schwarm auf einen neuen Gegner loszugehen, einzuhauen und neue Beutepferde zu packen. In diesem Augenblicke ritt der Rittmeister Baron Rofrano dicht an die Front seiner Eskadron, und indem er von den etwas schläfrigen blauen Augen die großen Lider hob, kommandierte er vernehmlich, aber ohne seine Stimme zu erheben: «Handpferde auslassen!» Die Schwadron stand totenstill. Nur der Eisenschimmel

wiped off the trickles of blood from their sabres. Aside from the red-flecked trees the Captain halted and next to him the squadron's trumpeter, who raised the trumpet to his mouth – saturated, it seemed, in a ruddy sap – and blew the muster. The Sergeant rode from column to column and saw that the squadron had not lost a single man and on the other hand had gained nine near-horses. He rode up to the Captain and reported, keeping the iron-grey constantly at his side, which tripped about with head raised and drew in gulps of air like the young, beautiful and vain horse that it was. The Captain only listened to the report in an abstracted manner. He beckoned Lieutenant Count Trautsohn across to him, who then immediately dismounted and with six cuirassiers, likewise dismounted, unharnessed behind the front of the squadron the captured light howitzer, had the cannon dragged aside by the six men and sunk in a small morass formed by the stream, then remounted and, after he had chased away the two now superfluous draught-horses with the flat of his blade, silently resumed his position at the head of the first column.

During this time the squadron, drawn up in two ranks, did not exactly display unrest, yet a not quite normal mood prevailed, understandable in the light of the excitement aroused by four encounters happily resolved in one day, a mood which found expression in ready bursts of half-suppressed laughter as well as calls exchanged between the men in low voices. The horses, too, did not stand quietly by, especially those between which strange, captured horses had been inserted. After such strokes of fortune the area on which they were mustered appeared to all of them too cramped, and riders and victors such as they felt a strong inward desire forthwith to launch an assault, in open order, upon a new opponent, to smite him lustily and take fresh horses as prizes. At that moment Captain Baron Rofrano rode close to the front of his squadron and, as he lifted the large lids of his somewhat sleepy blue eyes, audibly yet without raising his voice, he gave the command: "Release near-horses!" The squadron stood in deathly silence. Only the

neben dem Wachtmeister streckte den Hals und berührte mit seinen Nüstern fast die Stirne des Pferdes, auf welchem der Rittmeister saß. Der Rittmeister versorgte seinen Säbel, zog eine seiner Pistolen aus dem Halfter, und indem er mit dem Rücken der Zügelhand ein wenig Staub von dem blinkenden Lauf wegwischte, wiederholte er mit etwas lauterer Stimme sein Kommando und zählte gleich nachher «eins» und «zwei». Nachdem er das «zwei» gezählt hatte, heftete er seinen verschleierten Blick auf den Wachtmeister, der regungslos vor ihm im Sattel saß und ihm starr ins Gesicht sah. Während Anton Lerchs starr aushaltender Blick, in dem nur dann und wann etwas Gedrücktes, Hündisches aufflackerte und wieder verschwand, eine gewisse Art devoten, aus vieljährigem Dienstverhältnisse hervorgegangenen Zutrauens ausdrücken mochte, war sein Bewußtsein von der ungeheuren Gespanntheit dieses Augenblicks fast gar nicht erfüllt, sondern von vielfältigen Bildern einer fremdartigen Behaglichkeit ganz überschwemmt, und aus einer ihm selbst völlig unbekannten Tiefe seines Innern stieg ein bestialischer Zorn gegen den Menschen da vor ihm auf, der ihm das Pferd wegnehmen wollte, ein so entsetzlicher Zorn über das Gesicht, die Stimme, die Haltung und das ganze Dasein dieses Menschen, wie er nur durch jahrelanges enges Zusammenleben auf geheimnisvolle Weise entstehen kann. Ob aber in dem Rittmeister etwas Ähnliches vorging, oder ob sich ihm in diesem Augenblicke stummer Insubordination die ganze lautlos um sich greifende Gefährlichkeit kritischer Situationen zusammenzudrängen schien, bleibt im Zweifel: Er hob mit einer nachlässigen, beinahe gezierten Bewegung den Arm, und indem er, die Oberlippe verächtlich hinaufziehend, «drei» zählte, krachte auch schon der Schuß, und der Wachtmeister taumelte, in die Stirn getroffen, mit dem Oberleib auf den Hals seines Pferdes, dann zwischen dem Braun und dem Eisenschimmel zu Boden. Er hatte aber noch nicht hingeschlagen, als auch schon sämtliche Chargen und Gemeinen sich ihrer Beutepferde mit einem Zügelriß oder Fußtritt entledigt hatten und der Rittmeister, seine Pistole ruhig versorgend, die von einem blitzähnlichen Schlag noch

iron-grey next to the Sergeant stretched its neck out and with its nostrils almost touched the forehead of the horse on which the Captain was seated. The Captain sheathed his sabre, drew one of his pistols from the holster and while wiping away a little dust from the shining barrel with the back of his rein-hand, he repeated his command in a somewhat louder voice and immediately after counted 'one' and 'two'. After he had counted 'two', he fixed his veiled glance upon the Sergeant, who was sitting motionless in the saddle before him and staring rigidly at his face. While Anton Lerch's rigidly enduring gaze, in which only now and then something fawning and dog-like flickered into life and vanished again, perhaps expressed a kind of submissive trust, stemming from the bond of many years in service, his consciousness was hardly at all filled with the immense tension of that moment, but wholly flooded with varied images of an unfamiliar ease, and from an inner depth quite strange to him a brutish anger rose up against the being there before him who wished to take the horse away from him – such a dreadful anger against the face, the voice, the attitude and that man's very existence such as can only mysteriously spring from a life intimately shared over many years.

But whether something similar was going on inside the Captain, or whether at this moment of dumb insubordination that general danger, apt in critical situations noiselessly to spread itself abroad, seemed to become pent up in him, remains in doubt: he lifted his arm with a nonchalant, almost affected gesture and as, scornfully raising his upper lip, he counted 'three', already the crack of the shot rang out, and the Sergeant, hit in the forehead, tumbled with his torso on to his horse's neck and thence to the ground between the brown and the iron-grey. But he had not yet struck the earth when already all the orderlies and privates had rid themselves of their captured horses by dint of a tug at the reins or a kick, and the Captain, calmly putting away his pistol, was able to lead his squadron, still quivering in the afterthroes of a bolt

27

nachzuckende Schwadron dem in undeutlicher dämmernder Entfernung anscheinend sich ralliierenden Feinde aufs neue entgegenfüh-
ren konnte. Der Feind nahm aber die neuerliche Attacke nicht an,
und kurze Zeit nachher erreichte das Streifkommando unbehelligt
die südliche Vorpostenaufstellung der eigenen Armee.

from the blue, afresh against the enemy, who were apparently rallying in the indistinct, twilit distance. The enemy did not however take up the new attack, and a short while later the reconnaissance patrol reached the southern group of outposts of their own army unmolested.

Arthur Schnitzler
Das Tagebuch der Redegonda

Gestern nachts, als ich mich auf dem Heimweg für eine Weile im
Stadtpark auf einer Bank niedergelassen hatte, sah ich plötzlich in
der anderen Ecke einen Herrn lehnen, von dessen Gegenwart ich
vorher nicht das geringste bemerkt hatte. Da zu dieser späten Stunde
an leeren Bänken im Park durchaus kein Mangel war, kam mir das
Erscheinen dieses nächtlichen Nachbars etwas verdächtig vor; und
eben machte ich Anstalten, mich zu entfernen, als der fremde Herr,
der einen langen grauen Überzieher und gelbe Handschuhe trug,
den Hut lüftete, mich beim Namen nannte und mir einen guten
Abend wünschte. Nun erkannte ich ihn, recht angenehm überrascht. Es war Dr. Gottfried Wehwald, ein junger Mann von guten
Manieren, ja sogar von einer gewissen Vornehmheit des Auftretens,
die zumindest ihm selbst eine immerwährende stille Befriedigung
zu gewähren schien. Vor etwa vier Jahren war er als Konzeptsprakti-
kant aus der Wiener Statthalterei nach einer kleinen niederöster-
chischen Landstadt versetzt worden, tauchte aber von Zeit zu Zeit
wieder unter seinen Freunden im Caféhause auf, wo er stets mit
jener gemäßigten Herzlichkeit begrüßt wurde, die seiner eleganten
Zurückhaltung gegenüber geboten war. Daher fand ich es auch
angezeigt, obzwar ich ihn seit Weihnachten nicht gesehen hatte,
keinerlei Befremden über Stunde und Ort unserer Begegnung zu
äußern; liebenswürdig, aber anscheinend gleichgültig erwiderte ich
seinen Gruß und schickte mich eben an, mit ihm ein Gespräch zu
eröffnen, wie es sich für Männer von Welt geziemt, die am Ende
auch ein zufälliges Wiedersehen in Australien nicht aus der Fassung
bringen dürfte, als er mit einer abwehrenden Handbewegung kurz
bemerkte: «Verzeihen Sie, werter Freund aber meine Zeit ist
gemessen und ich habe mich nur zu dem Zwecke hier eingefunden,
um Ihnen eine etwas sonderbare Geschichte zu erzählen, vorausge-
setzt natürlich, daß Sie geneigt sein sollten, sie anzuhören.»

Arthur Schnitzler
Redegonda's Diary

Last night, on my way home, I sat down for a while on a bench in the city park and suddenly noticed, leaning against the other end of the bench, a gentleman of whose presence I had been entirely unaware. Since there was no lack of empty benches in the park at that late hour, the sudden appearance of this dark neighbour seemed to me a little suspicious.

I was just preparing to move off, when the stranger, who wore a long grey overcoat and yellow gloves, raised his hat and, addressing me by name, wished me good evening. At that I recognized him with pleasurable surprise. It was Dr. Gottfried Wehwald, a well-mannered young man, with a certain distinction in his bearing which seemed to afford, to himself at least, a constant but unobtrusive satisfaction. He had been transferred about four years before from the civil service in Vienna to a little provincial town in lower Austria; but from time to time he would appear unexpectedly among his friends in the café.

He was always greeted with that temperate cordiality which accorded best with his own elegant restraint. And so I did not see fit to express surprise at the time and place of our meeting, although I had not seen him since Christmas. I returned his greeting pleasantly but without enthusiasm, and was just about to make some remarks such as befit men of the world who should not, after all, be disconcerted even by an accidental meeting at the Antipodes, when he said abruptly, and with a deprecatory motion of his hand,

"Pardon me, my dear sir, but my time is limited. I have come here only for the purpose of relating to you a rather strange story, assuming, of course, that you care to hear me."

Nicht ohne Verwunderung über diese Anrede erklärte ich mich trotzdem sofort dazu bereit, konnte aber nicht umhin, meinem Befremden Ausdruck zu verleihen, daß Dr. Wehwald mich nicht im Caféhause aufgesucht habe, ferner wieso es ihm gelungen war,mich war, mich nächtlicherweise hier im Stadtpark aufzufinden und endlich, warum gerade ich zu der Ehre ausersehen sei, seine Geschichte anzuhören.

«Die Beantwortung der beiden ersten Fragen», erwiderte er mit ungewohnter Herbheit, «wird sich im Laufe meines Berichtes von selbst ergeben. Daß aber meine Wahl gerade auf Sie fiel, werter Freund (er nannte mich nun einmal nicht anders), hat seinen Grund darin, daß Sie sich meines Wissens auch schriftstellerisch betätigen und ich daher glaube, auf eine Veröffentlichung meiner merkwürdigen, aber ziemlich zwanglosen Mitteilungen in leidlicher Form rechnen zu dürfen.»

Ich wehrte bescheiden ab, worauf Dr. Wehwald mit einem sonderbaren Zucken um die Nasenflügel ohne weitere Einleitung begann: «Die Heldin meiner Geschichte heißt Redegonda. Sie war die Gattin eines Rittmeisters, Baron T. vom Dragonerregiment X, das in unserer kleinen Stadt Z. garnisonierte.» (Er nannte tatsächlich nur diese Anfangsbuchstaben, obwohl mir nicht nur der Name der kleinen Stadt, sondern aus Gründen, die bald ersichtlich sein werden, auch der Name des Rittmeisters und die Nummer des Regiments keine Geheimnisse bedeuteten.) «Redegonda», fuhr Dr. Wehwald fort, «war eine Dame von außerordentlicher Schönheit und ich verliebte mich in sie, wie man zu sagen pflegt, auf den ersten Blick. Leider war mir jede Gelegenheit versagt, ihre persönliche Bekanntschaft zu machen, da die Offiziere mit der Zivilbevölkerung beinahe gar keinen Verkehr pflegten und an dieser Exklusivität selbst gegenüber uns Herren von der politischen Behörde in fast verletzender Weise festhielten. So sah ich Redegonda immer nur von weitem; sah sie allein oder an der Seite ihres Gemahls, nicht selten in Gesellschaft anderer Offiziersdamen, durch die Straßen spazieren, erblickte sie manchmal an einem Fenster ihrer auf dem

Not without some astonishment at these words, I immediately declared myself ready to listen, though I could not help adding that I was surprised

Dr. Wehwald had not looked for me in the cafe and also that he had been able to find me here in the city park at night, and finally that the honour of hearing his story should have fallen to me in particular.

"The first two questions," he answered with unwonted harshness, "will be answered in the course of my recital.

But my choice fell upon you, my dear sir (he would call me nothing else), because I know that you are also a writer

and therefore I believe that I may count upon the publication of my strange, and somewhat unconventional story in adequate form."

Disregarding my modest protests Dr. Wehwald began without further introduction, while his nostrils twitched in a peculiar manner. "The heroine of my tale is named Redegonda. She was the wife of Baron T., Captain of the X Regiment of Dragoons, which was stationed in our small town." (He actually mentioned only these initials, although I was well aware not only of the name of the town but also, for reasons which will soon become evident, of the name of the cavalry officer and the number of his regiment.) "Redegonda," Dr. Wehwald went on, "was a lady of extraordinary beauty, and I fell in love with her, as people say, at first sight. Unfortunately, I found no opportunity of becoming personally acquainted with her, since the officers of the garrison had very little social intercourse with the civilian population; indeed, they showed their exclusiveness, even towards the members of the political corps, in a fashion that was almost insulting. So I saw Redegonda only at a distance; saw her alone or at her husband's side, not infrequently in the company of other officers or their wives, walking in the streets of the town. Sometimes I caught sight of her at one of the windows of her house on Central

Hauptplatze gelegenen Wohnung, oder sah sie abends in einem holpernden Wagen nach dem kleinen Theater fahren, wo ich dann das Glück hatte, sie vom Parkett aus in ihrer Loge zu beobachten, die von den jungen Offizieren in den Zwischenakten gerne besucht wurde. Zuweilen war mir, als geruhe sie, mich zu bemerken. Aber ihr Blick streifte immer nur so flüchtig über mich hin, daß ich daraus keine weiteren Schlüsse ziehen konnte. Schon hatte ich die Hoffnung aufgegeben, ihr jemals meine Anbetung zu Füßen legen zu dürfen, als sie mir an einem wundervollen Herbstvormittag in dem kleinen parkartigen Wäldchen, das sich vom östlichen Stadttor aus weit ins Land hinaus erstreckte, vollkommen unerwartet entgegenkam. Mit einem unmerklichen Lächeln ging sie an mir vorüber, vielleicht ohne mich überhaupt zu gewahren und war bald wieder hinter dem gelblichen Laub verschwunden. Ich hatte sie an mir vorübergehen lassen, ohne nur die Möglichkeit in Erwägung zu ziehen, daß ich sie hätte grüßen oder gar das Wort an sie richten können; und auch jetzt, da sie mir entschwunden war, dachte ich nicht daran, die Unterlassung eines Versuchs zu bereuen, dem keinesfalls ein Erfolg hätte beschieden sein können. Aber nun geschah etwas Sonderbares: Ich fühlte mich nämlich plötzlich gezwungen, mir vorzustellen, was daraus geworden wäre, wenn ich den Mut gefunden hätte, ihr in den Weg zu treten und sie anzureden. Und meine Phantasie spiegelte mir vor, daß Redegonda, fern davon mich abzuweisen, ihre Befriedigung über meine Kühnheit keineswegs zu verbergen suchte, es im Laufe eines lebhaften Gespräches an Klagen über die Leere ihres Daseins, die Minderwertigkeit ihres Verkehrs nicht fehlen ließ und endlich ihrer Freude Ausdruck gab, in mir eine verständnisvolle mitfühlende Seele gefunden zu haben. Und so verheißungsvoll war der Blick, den sie zum Abschied auf mir ruhen ließ, daß mir, der ich all dies, auch den Abschiedsblick, nur in meiner Einbildung erlebt hatte, am Abend desselben Tages, da ich sie in ihrer Loge wiedersah, nicht anders zumute war, als schwebe ein köstliches Geheimnis zwischen uns beiden. Sie werden sich nicht wundern, werter Freund, daß ich,

Square, or driving in a jolting carriage of an evening, to the little theatre. There I had the pleasure of observing her in her box from my seat in the pit, and seeing how she was visited between the acts by eager young officers.

At times it seemed to me as if she had deigned to notice me. But her glance rested on me only in passing and I did not dare to draw any flattering conclusions. I had already given up the hope of being able to place my homage at her feet when I met her unexpectedly and entirely by accident. It was on a beautiful autumn morning in the little park-like wood which extends from the eastern gate of the city far out into the country.

She passed with a smile that was scarcely perceptible, perhaps without having seen me, and soon disappeared among the yellowing foliage. I had allowed her to pass without having the presence of mind to bow, much less address her; even after she had passed it still did not occur to me to regret that I had not made such an attempt, which could not possibly have succeeded.

But then, something strange happened. I suddenly felt myself compelled to imagine how it would have been if I had found courage to step into her path and address her.

And my imagination began to delude me with the thought that, far from rejecting my advances, Redegonda did not disguise her pleasure at my boldness; in the course of a lively conversation she lamented to me the emptiness of her existence and her lack of agreeable society, finally expressing joy at having found in me an understanding and sympathetic friend.

So full of meaning was the look she gave me at parting that I, who had experienced all this – including the parting look – only in my imagination, felt when I saw her again in her box on the evening of the same day, as if a secret was treasured between us. You will not wonder,

der nun einmal von der Kraft seiner Einbildung eine so außerordent-
liche Probe bekommen hatte, jener ersten Begegnung auf die gleiche
Art bald weitere folgen ließ, und daß sich unsere Unterhaltungen
von Wiedersehen zu Wiedersehen freundschaftlicher, vertrauter, ja
inniger gestalteten, bis eines schönen Tages unter entblätterten
Ästen die angebetete Frau in meine sehnsüchtigen Arme sank. Nun
ließ ich meinen beglückenden Wahn immer weiterspielen, und so
dauerte es nicht mehr lange, bis Redegonda mich in meiner kleinen,
am Ende der Stadt gelegenen Wohnung besuchte und mir Seligkei-
ten beschieden waren, wie sie mir die armselige Wirklichkeit nie so
berauschend zu bieten vermocht hätte. Auch an Gefahren fehlte es
nicht, unser Abenteuer zu würzen. So geschah es einmal im Laufe
des Winters, daß der Rittmeister an uns vorbeisprengte, als wir auf
der Landstraße im Schlitten pelzverhüllt in die Nacht hineinfuhren ;
und schon damals stieg ahnungsvoll in meinen Sinnen auf, was sich
bald in ganzer Schicksalsschwere erfüllen sollte. In den ersten
Frühlingstagen erfuhr man in der Stadt, daß das Dragonerregiment,
dem Redegondas Gatte angehörte, nach Galizien versetzt werden
sollte. Meine, nein, unsere Verzweiflung war grenzenlos. Nichts
blieb unbesprochen, was unter solchen außergewöhnlichen Umständen zwischen Liebenden erwogen zu werden pflegt : gemeinsa-
me Flucht, gemeinsamer Tod, schmerzliches Fügen ins Unvermeid-
liche. Doch der letzte Abend erschien, ohne daß ein fester Entschluß
gefaßt worden wäre. Ich erwartete Redegonda in meinem blumengeschmückten Zimmer. Daß für alle Möglichkeiten vorgesorgt sei,
war mein Koffer gepackt, mein Revolver schußbereit, meine
Abschiedsbriefe geschrieben. Dies alles, mein werter Freund, ist die
Wahrheit. Denn so völlig war ich unter die Herrschaft meines
Wahns geraten, daß ich das Erscheinen der Geliebten an diesem
Abend, dem letzten vor dem Abmarsch des Regiments, nicht nur für
möglich hielt, sondern daß ich es geradezu erwartete. Nicht wie
sonst gelang es mir, ihr Schattenbild herbeizulocken, die Himmli-
sche in meine Arme zu träumen ; nein, mir war als hielte etwas
Unberechenbares, vielleicht Furchtbares, sie daheim zurück ; hun-

my dear sir, that having once proved the extraordinary powers of my imagination, I soon followed our first encounter by others similar and indeed of a growing ardour, until one fine day the lady whom I loved fell into my yearning arms, beneath the leafless branches of a tree.

As my happy illusion developed it was not long before Redegonda visited me in my small apartment at the end of the town, where I now knew such intoxicating delights as mere reality could never have provided. Nor was danger lacking to add spice to the adventure. Once in the course of the winter, it chanced that the captain of dragoons passed us as we were driving in a sleigh on the country roads, wrapped in furs; and on that occasion a premonition of what was to follow assailed me with all the force of a fatal destiny.

During the first days of spring I learned that the regiment of dragoons, to which Redegonda's husband belonged, was ordered to Galicia. My despair – our despair, rather – was unbounded. Nothing that ever passes between lovers in such a situation was left unsaid by us; we spoke of flight together, death together, the torture of submission to the inevitable.

The last evening came, however, before we had arrived at any definite decision. I awaited Redegonda in my room, which was adorned with flowers. In preparation for all eventualities, my trunk was packed, my revolver loaded, my farewell letters written. All this, my dear sir, is the simple truth.

So completely had I fallen under the spell of my delusion that not only did I regard it as possible that my beloved would appear on the last evening before the departure of the regiment, but I unhesitatingly expected it to happen. Yet I did not succeed, as I had usually done, in conjuring up her shadowy image, in dreaming the angel into my arms; no, I felt as if some incalculable, perhaps some dread force were keeping her at home. A hundred times I went to my

dertmal ging ich zur Wohnungstüre, horchte auf die Treppe hinaus, blickte aus dem Fenster, Redegondas Nahen schon auf der Straße zu erspähen ; ja, in meiner Ungeduld war ich nahe daran, davonzustürzen, Redegonda zu suchen, sie mir zu holen, trotzig mit dem Recht des Liebenden und Geliebten sie dem Gatten abzufordern, – bis ich endlich, wie von Fieber geschüttelt, auf meinen Diwan niedersank. Da plötzlich, es war nahe an Mitternacht, tönte draußen die Klingel. Nun aber fühlte ich mein Herz stillestehen. Denn daß die Klingel tönte, verstehen Sie mich wohl, war keine Einbildung mehr. Sie tönte ein zweites und ein drittes Mal und erweckte mich schrill und unwidersprechlich zum völligen Bewußtsein der Wirklichkeit. Aber in demselben Augenblick, da ich erkannte, daß mein Abenteuer bis zu diesem Abend nur eine seltsame Reihe von Träumen bedeutet hatte, fühlte ich die kühnste Hoffnung in mir erwachen: Daß Redegonda, durch die Macht meiner Wünsche in den Tiefen ihrer Seele ergriffen, in eigener Gestalt herbeigelockt, herbeigezwungen, draußen vor meiner Schwelle stünde, daß ich sie in der nächsten Minute leibhaftig in den Armen halten würde. In dieser köstlichen Erwartung ging ich zur Türe und öffnete. Aber es war nicht Redegonda, die vor mir stand, es war Redegondas Gatte ; er selbst, so wahrhaft und lebendig, wie Sie hier mir gegenüber auf dieser Bank sitzen, und blickte mir starr ins Gesicht. Mir blieb natürlich nichts übrig, als ihn in mein Zimmer treten zu lassen, wo ich ihn einlud, Platz zu nehmen. Er aber blieb aufrecht stehen, und mit unsäglichem Hohn um die Lippen sprach er: ‹Sie erwarten Redegonda. Leider ist sie am Erscheinen verhindert. Sie ist nämlich tot.› ‹Tot›, wiederholte ich, und die Welt stand still. Der Rittmeister sprach unbeirrt weiter: ‹Vor einer Stunde fand ich sie an ihrem Schreibtisch sitzend, dies kleine Buch vor sich, das ich der Einfachheit halber gleich mitgebracht habe. Wahrscheinlich war es der Schreck, der sie tötete, als ich so unvermutet in ihr Zimmer trat. Hier diese Zeilen sind die letzten, die sie niederschrieb. Bitte !› Er reichte mir ein offenes, in violettes Leder gebundenes Büchlein, und ich las die folgenden Worte: ‹Nun verlasse ich mein Heim auf immer, der

front door, listened over the banisters, and looked out of the window in the hope of seeing her coming towards me on the street. Such was my impatience that I came near to dashing out to seek Redegonda and carry her off, claiming her defiantly from her husband by right of our mutual love. At last I sank upon my couch as if shaken by a fever. Then suddenly, when it was near midnight, the bell rang outside.

I felt my heart stop beating then. For the ringing of the bell, you must understand, was not imaginary. It rang again a second and a third time, shrilly and insistently, awakening me to the full consciousness of reality. But at the same moment when I realized that until this evening my adventure had been but a series of strange dreams, I felt the boldest hope awaken in me, that Redegonda, stirred to the depths of her soul, enticed and compelled by the strength of my desire, was standing in her own person outside upon my threshold, and that in the next instant I would actually hold her in my arms. In this blessed expectation I went to the door and opened it. But it was not Redegonda who was standing before me; it was Redegonda's husband; he himself, as real and living as you are sitting before me on this bench, staring in my face.

Of course, I could do nothing but invite him in and ask him to be seated. But he remained standing and said with an unspeakable scorn about his lips, 'You are expecting Redegonda; unfortunately she can't come; she is dead.'

'Dead,' I repeated, and the world stood still. The captain of dragoons went on quietly. 'An hour ago I found her at her desk with this little book before her; I've brought it along to simplify things. Probably it was terror that killed her when I entered her room so unexpectedly. These are the last lines she had written. Read them, if you please.' He handed me an open book, bound in violet leather, and I read the following words: 'Now I am leaving my home forever; my beloved is waiting for

Geliebte wartet.› Ich nickte nur, langsam, wie zur Bestätigung. ‹Sie werden erraten haben›, fuhr der Rittmeister fort, ‹daß es Redegondas Tagebuch ist, das Sie in der Hand haben. Vielleicht haben Sie die Güte, es durchzublättern, um jeden Versuch des Leugnens als aussichtslos zu unterlassen.› Ich blätterte, nein, ich las. Beinahe eine Stunde las ich, an den Schreibtisch gelehnt, während der Rittmeister regungslos auf dem Diwan saß; las die ganze Geschichte unserer Liebe, diese holde, wundersame Geschichte, – in all ihren Einzelheiten; von dem Herbstmorgen an, da ich im Wald zum erstenmal das Wort an Redegonda gerichtet hatte, las von unserem ersten Kuß, von unseren Spaziergängen, unseren Fahrten ins Land hinein, unseren Wonnestunden in meinem blumengeschmückten Zimmer, von unseren Flucht- und Todesplänen, unserem Glück und unserer Verzweiflung. Alles stand in diesen Blättern aufgezeichnet, alles – was ich niemals in Wirklichkeit, – und doch alles genau so, wie ich es in meiner Einbildung erlebt hatte. Und ich fand das durchaus nicht so unerklärlich, wie Sie es, werter Freund, in diesem Augenblick offenbar zu finden scheinen. Denn ich ahnte mit einemmal, daß Redegonda mich ebenso geliebt hatte wie ich sie und daß ihr dadurch die geheimnisvolle Macht geworden war, die Erlebnisse meiner Phantasie in der ihren alle mitzuleben. Und da sie als Weib den Urgründen des Lebens, dort wo Wunsch und Erfüllung eines sind, näher war als ich, war sie wahrscheinlich im tiefsten überzeugt gewesen, alles das, was nun in ihrem violetten Büchlein aufgezeichnet stand, wirklich durchlebt zu haben. Aber noch etwas anderes hielt ich für möglich: daß dieses ganze Tagebuch nicht mehr oder weniger bedeutete, als eine auserlesene Rache, die sie an mir nahm. Rache für meine Unentschlossenheit, die meine, unsere Träume nicht hatte zur Wahrheit werden lassen; ja, daß ihr plötzlicher Tod das Werk ihres Willens und daß es ihre Absicht gewesen war, das verräterische Tagebuch dem betrogenen Gatten auf solche Weise in die Hände zu spielen. Aber ich hatte keine Zeit, mich mit der Lösung dieser Fragen lange aufzuhalten, für den Rittmeister konnte nur eine, die natürliche Erklärung gelten; so tat

me.' I merely nodded slowly, as if in confirmation. 'You have no doubt guessed,' the captain continued, 'that it is Redegonda's diary you hold in your hand. Perhaps you will be good enough to look through it, so that you may realize that denial would be futile.' I turned the pages and read. For almost an hour I continued reading, leaning against my desk while the captain of dragoons sat motionless on the couch.

I read the whole story of our love, that sweet, strange story, in all its details, from the autumn morning when I first spoke to Redegonda in the forest; I read of our first kiss, of the walks we took together, of our drives into the country, our hours of delight in my flower-adorned room, of our plans for flight and death, our happiness and our despair. It was all written in these pages, all that I had never experienced in reality – and yet exactly as I had experienced it in imagination. And I found it by no means so inexplicable as you, my dear sir, are plainly finding it at this moment.

For it had dawned on me in a moment that Redegonda had loved me as I loved her, and that she had thereby acquired the mysterious power of sharing all the experiences of my fantasy in her own. And since, being a woman, she was closer to the roots of life, where wish and fulfilment are one, she had probably been deeply convinced that she had really experienced all that she had described in her violet diary. But there was something else that appeared to me to be possible – that this diary chronicle was neither more nor less than a subtle revenge that she was taking upon me, revenge for the lack of decision which had prevented my dreams – our dreams – from coming true; that even her sudden death had been the work of her will and that it had been her intention to place the tell-tale diary in her husband's hands by this means. But I had no time to speculate long on these problems and their solution; for the captain of dragoons there was but one explanation, the natural one; so I did what was demanded by the circumstances and

ich, was die Umstände verlangten, und stellte mich ihm mit den in solchen Fällen üblichen Worten zur Verfügung.»

«Ohne den Versuch –»

«Zu leugnen?!» unterbrach mich Dr. Wehwald herb. «Oh! Selbst wenn ein solcher Versuch die leiseste Aussicht auf Erfolg geboten hätte, er wäre mir kläglich erschienen. Denn ich fühlte mich durchaus verantwortlich für alle Folgen eines Abenteuers, das ich hatte erleben wollen und das zu erleben ich nur zu feig gewesen. – ‹Mir liegt daran›, sprach der Rittmeister, ‹unsern Handel auszutragen, noch eh Redegondas Tod bekannt wird. Es ist ein Uhr früh, um drei Uhr wird die Zusammenkunft unserer Zeugen stattfinden, um fünf soll die Sache erledigt sein.› Wieder nickt' ich zum Zeichen des Einverständnisses. Der Rittmeister entfernte sich mit kühlem Gruß. Ich ordnete meine Papiere, verließ das Haus, holte zwei mir bekannte Herren von der Bezirkshauptmannschaft aus den Betten – einer war ein Graf – teilte ihnen nicht mehr mit als nötig war, um sie zur raschen Erledigung der Angelegenheit zu veranlassen, spazierte dann auf dem Hauptplatz gegenüber den dunklen Fenstern auf und ab, hinter denen ich Redegondas Leichnam liegen wußte, und hatte das sichre Gefühl, der Erfüllung meines Schicksals entgegenzugehen. Um fünf Uhr früh in dem kleinen Wäldchen ganz nahe der Stelle, wo ich Redegonda zum ersten Male hätte sprechen können, standen wir einander gegenüber, die Pistole in der Hand, der Rittmeister und ich.»

«Und Sie haben ihn getötet?»

«Nein. Meine Kugel fuhr hart an seiner Schläfe vorbei. Er aber traf mich mitten ins Herz. Ich war auf der Stelle tot, wie man zu sagen pflegt.»

«Oh!» rief ich stöhnend mit einem ratlosen Blick auf meinen sonderbaren Nachbar. Aber dieser Blick fand ihn nicht mehr. Denn Dr. Wehwald saß nicht mehr in der Ecke der Bank. Ja, ich habe Grund zu vermuten, daß er überhaupt niemals dort gesessen hatte. Hingegen erinnerte ich mich sofort, daß gestern abends im Caféhaus viel von einem Duell die Rede gewesen, in dem unser Freund, Dr.

placed myself at his disposal in the words appropriate to such an occasion.''

''Without attempting –''

''Denial?'' Dr. Wehwald interrupted brusquely. ''Why, even if there had been the slightest prospect of success for such an attempt, it would have seemed to me a despicable thing. For I felt myself altogether responsible for all the consequences of an adventure which I had longed to experience but had been too coward-ly to carry through. 'I am desirous,' the captain said, 'of settling our affair before Redegonda's death becomes known. It is now one o'clock in the morning. At three our seconds will meet, by five the matter ought to be settled.'

Again I nodded in token of agreement. Bowing coldly, the captain took his leave. I put my papers in order, left the house, fetched from their beds two friends of mine in the service – one of them was a Count – telling them no more than was necessary to make them bring the matter to a speedy conclusion; I then paced up and down opposite the dark windows on Central Square, behind which I knew Redegonda was lying dead, possessed by the certainty that I was marching towards the fulfilment of my destiny. At five o'clock the captain and I faced each other, pistols in hand, in a little wood, quite close to the spot where I might have spoken to Redegonda for the first time.''

''And you killed him?''

''No, my bullet came close to his temple. But he shot me through the heart. I fell dead on the spot, as they say.''

''Oh'', I muttered casting a helpless glance at my strange neighbour. But this glance no longer found him there. Dr. Wehwald no longer sat upon the corner of the bench. Indeed, there is every reason to believe that he had never been there. On the other hand, I remembered now, that there had been much talk in the café on the previous evening about a duel in which our friend, Dr.

Wehwald, von einem Rittmeister namens Teuerheim erschossen worden war. Der Umstand, daß Frau Redegonda noch am selben Tage mit einem jungen Leutnant des Regiments spurlos verschwunden war, gab der kleinen Gesellschaft trotz der ernsten Stimmung, in der sie sich befand, zu einer Art von wehmütiger Heiterkeit Anlaß, und jemand sprach die Vermutung aus, daß Dr. Wehwald, den wir immer als ein Muster von Korrektheit, Diskretion und Vornehmheit gekannt hatten, ganz in seinem Stil, halb mit seinem, halb gegen seinen Willen, für einen anderen, Glücklicheren, den Tod hatte erleiden müssen.

Was jedoch die Erscheinung des Dr. Wehwald auf der Stadtparkbank anbelangt, so hätte sie gewiß an eindrucksvoller Seltsamkeit erheblich gewonnen, wenn sie sich mir vor dem ritterlichen Ende des Urbildes gezeigt hätte. Und ich will nicht verhehlen, daß der Gedanke, durch diese ganz unbedeutende Verschiebung die Wirkung meines Berichtes zu steigern, mir anfangs nicht ganz ferne gelegen war. Doch nach einer Überlegung scheute ich vor der Möglichkeit des Vorwurfs zurück, daß ich durch eine solche, den Tatsachen nicht ganz entsprechende Darstellung der Mystik, dem Spiritismus und anderen gefährlichen Dingen neue Beweise in die Hand gespielt hätte, sah Anfragen voraus, ob meine Erzählung wahr oder erfunden wäre, ja, ob ich Vorfälle solcher Art überhaupt für denkbar hielte – und hätte mich vor der peinlichen Wahl gefunden, je nach meiner Antwort als Okkultist oder als Schwindler erklärt zu werden. Darum habe ich es am Ende vorgezogen die Geschichte meiner nächtlichen Begegnung so aufzuzeichnen, wie sie sich zugetragen, freilich auf die Gefahr hin, daß viele Leute trotzdem an ihrer Wahrheit zweifeln werden, – in jenem weithin verbreiteten Mißtrauen, das Dichtern nun einmal entgegengebracht zu werden pflegt, wenn auch mit weniger Grund als den meisten anderen Menschen.

Wehwald, had been shot dead by a captain of dragoons named Teuerheim. The circumstance that on the same day Dame Redegonda had disappeared with a young lieutenant of the regiment, leaving no trace behind, had caused a sort of melancholy amusement among out little circle in spite of the seriousness of the news. Some one hazarded the opinion that Dr. Wehwald, whom we had always known as a model of correctness, discretion, and good breeding, had died in the place of another und luckier man; it was quite in character that he should have done so, half willingly, half unwillingly.

With regard to Dr. Wehwald's apparition on the park bench, it would undoubtedly have been substantially stranger and more impressive if it had occurred before his chivalrous end. And I will not deny that the idea of heightening the effect of my story by making this insignificant change did at first present itself to my mind.

But on reflection I recoiled before the thought that by making such a representation, not entirely in accordance with the facts, I might incur the reproach of furthering such dangerous movements as mysticism and spiritualism, by supplying them with fresh proofs. I foresaw inquiries into the truth of my story, and whether I regarded such an incident as within the bounds of possibility. In making my answer I would have found myself faced with the painful choice of declaring myself either an occultist or a fraud.

Hence I have finally decided to tell the story of my nightly visitant just as it happened. Even so there is, of course, a risk of being met with the scepticism of many, for there is a widespread feeling of distrust entertained towards writers, though with less reason than towards most other people.

Rainer Maria Rilke
Eine Geschichte, dem Dunkel erzählt

Ich wollte den Mantel umnehmen und zu meinem Freunde Ewald
gehen. Aber ich hatte mich über einem Buche versäumt, einem *alten*
Buche übrigens, und es war Abend geworden, wie es in Rußland
Frühling wird. Noch vor einem Augenblick war die Stube bis in die
fernsten Ecken klar, und nun taten alle Dinge, als ob sie nie etwas
anderes gekannt hätten als Dämmerung; überall gingen große
dunkle Blumen auf, und wie auf Libellenflügeln glitt Glanz um ihre
samtenen Kelche.

Der Lahme war gewiß nicht mehr am Fenster. Ich blieb also zu
Haus. Was hatte ich ihm doch erzählen wollen? Ich wußte es nicht
mehr. Aber eine Weile später fühlte ich, daß jemand diese verlorene
Geschichte von mir verlangte, irgend ein einsamer Mensch vielleicht, der fern am Fenster seiner finstern Stube stand, oder
vielleicht dieses Dunkel selbst, das mich und ihn und die Dinge
umgab. So geschah es, daß ich dem Dunkel erzählte. Und es neigte
sich immer näher zu mir, so daß ich immer leiser sprechen konnte,
ganz, wie es zu meiner Geschichte paßt. Sie handelt übrigens in der
Gegenwart und beginnt:

«Nach langer Abwesenheit kehrte Doktor Georg Laßmann in
seine enge Heimat zurück. Er hatte nie viel dort besessen, und jetzt
lebten ihm nurmehr zwei Schwestern in der Vaterstadt, beide
verheiratet, wie es schien, gut verheiratet; diese nach zwölf Jahren
wiederzusehen, war der Grund seines Besuchs. So glaubte er selbst.
Aber nachts, während er im überfüllten Zuge nicht schlafen konnte,
wurde ihm klar, daß er eigentlich um seiner Kindheit willen kam
und hoffte, in den alten Gassen irgend etwas wieder zu finden: ein
Tor, einen Turm, einen Brunnen, irgend einen Anlaß zu einer
Freude oder zu einer Traurigkeit, an welcher er sich wieder erkennen
konnte. Man verliert sich ja so im Leben. Und da fiel ihm
verschiedenes ein: Die kleine Wohnung in der Heinrichsgasse mit

Rainer Maria Rilke
A Tale told to the Darkness

My intent was to wrap my cloak around me and go to my friend
Ewald. But I had lingered too long over a book, an old book as it
happened, and evening had come the way Spring comes in Russia.
Only a moment ago the room lay lucid, even to its farthermost
corners, and now all things were behaving as if they had never
known anything but twilight; everywhere great dark flowers were
unfurling and, as on dragon-flies' wings, radiance slid around their
velvet cups.

The lame fellow was certainly no longer by his window. So
I stayed at home. Now what was it I'd wanted to tell him? I no longer
knew. But a while later I felt that someone was requesting this tale
from me, some lonely person maybe who stood, remote, at the
window of his murky room; or perhaps this very darkness that was
enveloping me and him and all things.

Thus it befell that I told my
tale to the darkness. And it leaned ever closer towards me, so that
I could speak ever softer, just as befits my story. By the by, it deals
with the present and it begins:

"After a long absence Dr George Lassmann returned to the
narrow haunts of his home. He had never owned much there, and
now only two sisters of his survived in his native town, both
married, having, it appeared, made good matches; to see the latter
once more, after twelve years, was the reason for his visit. So he
himself believed. But at night, when he was unable to sleep in the
overcrowded train, it dawned upon him that he was really coming
for his childhood's sake and was hoping to rediscover something in
the ancient alleys: a gate, a tower, a fountain, some cause for joy or
sorrow wherein he could recognize himself anew. After all one gets
so lost in life. And then he recollected diverse matters: the little
dwelling in the Heinrichsgasse with the gleaming door-handles and

den glänzenden Türklinken und den dunkelgestrichenen Dielen, die geschonten Möbel und seine Eltern, diese beiden abgenützten Menschen, fast ehrfürchtig neben ihnen; die schnellen gehetzten Wochentage und die Sonntage, die wie ausgeräumte Säle waren, die seltenen Besuche, die man lachend und in Verlegenheit empfing, das verstimmte Klavier, der alte Kanarienvogel, der ererbte Lehnstuhl, auf dem man nicht sitzen durfte, ein Namenstag, ein Onkel, der aus Hamburg kommt, ein Puppentheater, ein Leierkasten, eine Kindergesellschaft und jemand ruft: ‹Klara›. Der Doktor wäre fast eingeschlafen. Man steht in einer Station, Lichter laufen vorüber, und der Hammer geht horchend durch die klingenden Räder. Und das ist wie: Klara, Klara, Klara, überlegt der Doktor, jetzt ganz wach, wer war das doch? Und gleich darauf fühlt er ein Gesicht, ein Kindergesicht mit blondem, glattem Haar. Nicht daß er es schildern könnte, aber er hat die Empfindung von etwas Stillem, Hilflosem, Ergebenem, von ein paar schmalen Kinderschultern, durch ein verwaschenes Kleidchen noch mehr zusammengepreßt, und er dichtet dazu ein Gesicht – aber da weiß er auch schon, er muß es nicht dichten. Es ist da – oder vielmehr es *war* da – damals. So erinnert sich Doktor Laßmann an seine einzige Gespielin Klara, nicht ohne Mühe. Bis zur Zeit, da er in eine Erziehungsanstalt kam, etwa zehn Jahre alt, hat er alles mit ihr geteilt, was ihm begegnete, das Wenige (oder das Viele?). Klara hatte keine Geschwister, und er hatte so gut wie keine; denn seine älteren Schwestern kümmerten sich nicht um ihn. Aber seither hat er niemanden je nach ihr gefragt. Wie war das doch möglich? Er lehnte sich zurück. Sie war ein frommes Kind, erinnerte er sich noch, und dann fragte er sich: Was mag aus ihr geworden sein? Eine Zeitlang ängstigte ihn der Gedanke, sie könnte gestorben sein. Eine unermeßliche Bangigkeit überfiel ihn in dem engen gedrängten Coupé; alles schien diese Annahme zu bestätigen: sie war ein kränkliches Kind, sie hatte es zu Hause nicht besonders gut, sie weinte oft, unzweifelhaft: sie ist tot. Der Doktor ertrug es nicht länger; er störte einzelne Schlafende und schob sich zwischen ihnen durch in den Gang des Waggons. Dort

the dark-painted lobbies, the well-tended pieces of furniture, and his parents, those two worn-out beings, almost reverential alongside them; the swift, hectic weekdays and the Sundays, which were like stripped rooms, the rare visitors, who were received with laughter and embarrassment, the out-of-tune piano, the old canary, the armchair – an heirloom on which one wasn't allowed to sit – a name's-day, an uncle coming from Hamburg, a puppet theatre, a hurdy-gurdy, a children's party and someone calls: 'Clara!' The Doctor had almost fallen asleep. A halt at a station. Lamps sweep past, and the hammer-wielder, ears agog, moves along the chiming wheels. And it sounds like: Clara, Clara, Clara – the Doctor muses, now fully awake, who then was she? And immediately after he senses a face, a child's face with blond, smooth hair. Not that he could describe it, but he has the sense of something placid, helpless, submissive, of a pair of narrow, child's shoulders, yet more constricted by a tiny dress, shrunk from the wash, and he imagines a face to match – but then, too, he already knows he mustn't imagine it. It's there, or rather it *was* there – then. Thus Dr Lassmann recalls, not without difficulty, his former playmate Clara.

Until the time he entered a place of education, around ten years of age, he shared everything that came his way with her, be it Small (or Great?). Clara had no brothers or sisters, and he had none, practically speaking, for his elder sisters didn't bother about him. But since then he had never asked anyone about her. How on earth was that possible? He leaned back. She was a pious child, he still recollected, and then he asked himself: What can have become of her? For a while the thought alarmed him that she might have died. An immeasurable dread seized him in the narrow, crowded compartment; everything seemed to confirm this supposition: she was a sickly child, things did not go too well for her at home, she was often in tears, no question: she's dead. The Doctor could bear it no longer; he disturbed individual sleepers and thrust his way through between them to the corridor of the coach. There he opened a window and gazed into the

öffnete er ein Fenster und schaute hinaus in das Schwarz mit den tanzenden Funken. Das beruhigte ihn. Und als er später in das Coupé zurückkehrte, schlief er trotz der unbequemen Lage bald ein.

Das Wiedersehen mit den beiden verheirateten Schwestern verlief nicht ohne Verlegenheiten. Die drei Menschen hatten vergessen, wie weit sie einander, trotz ihrer engen Verwandtschaft, doch immer geblieben waren, und versuchten eine Weile, sich wie Geschwister zu benehmen. Indessen kamen sie bald stillschweigend überein, zu dem höflichen Mittelton ihre Zuflucht zu nehmen, den der gesellschaftliche Verkehr für alle Fälle geschaffen hat.

Es war bei der jüngeren Schwester, deren Mann in besonders günstigen Verhältnissen war, Fabrikant mit dem Titel Kaiserlicher Rat, und es war nach dem vierten Gange des Diners, als der Doktor fragte: ‹Sag mal, Sophie, was ist denn aus Klara geworden?› ‹Welcher Klara?› ‹Ich kann mich ihres Familiennamens nicht erinnern. Der Kleinen, weißt du, der Nachbarstochter, mit der ich als Kind gespielt habe?› ‹Ach, Klara Söllner meinst du?› ‹Söllner, richtig, Söllner. Jetzt fällt mir erst ein: Der alte Söllner, das war ja dieser gräßliche Alte – aber was ist mit Klara?› Die Schwester zögerte: ‹Sie hat geheiratet – Übrigens lebt sie jetzt ganz zurückgezogen.› ‹Ja›, machte der Herr Rat, und sein Messer glitt kreischend über den Teller, ‹ganz zurückgezogen.› ‹Du kennst sie auch?› wandte sich der Doktor an seinen Schwager. ‹Ja-a-a – so flüchtig; sie ist ja hier ziemlich bekannt.› Die beiden Gatten wechselten einen Blick des Einverständnisses. Der Doktor merkte, daß es ihnen aus irgend einem Grunde unangenehm war, über diese Angelegenheit zu reden, und fragte nicht weiter.

Umsomehr Lust zu diesem Thema bewies der Herr Rat, als die Hausfrau die Herren beim schwarzen Kaffee zurückgelassen hatte. ‹Diese Klara›, fragte er mit listigem Lächeln und betrachtete die Asche, die von seiner Zigarre in den silbernen Becher fiel. ‹Sie soll doch ein stilles und überdies häßliches Kind gewesen sein?› Der Doktor schwieg. Der Herr Rat rückte vertraulich näher: ‹Das war eine Geschichte! – Hast du nie davon gehört?› ‹Aber ich habe ja mit

blackness without, with its dancing sparks. That calmed him. And when, later, he returned to the compartment, he soon fell asleep despite his uncomfortable posture.

The reunion with the married sisters did not pass off without embarrassing moments. The three people had forgotten how far apart they in fact had always remained from one another, for all their close relationship, and for a time tried to conduct themselves like brothers and sisters. However they soon tacitly agreed to take refuge in that polite, level tone which social intercourse has devised to suit all occasions.

It was in the home of the younger sister, whose husband enjoyed especially prosperous circumstances – a manufacturer who bore the title Imperial Counsellor – and it was after the fourth course at dinner when the Doctor asked: 'Tell me now, Sophy, whatever became of Clara?' 'Clara who?' 'I can't recall her family name. That little girl, remember, our neighbour's daughter, whom I played with as a child?' 'Oh, you mean Clara Söllner?' 'Söllner, that's it, Söllner. Only now do I recall: old Söllner, he was that frightful old fellow... But how about Clara?' The sister hesitated: 'She got married – otherwise, she's now living quite in seclusion.' 'Yes,' said the Herr Rat, and his knife slid over the plate with a screech, 'quite in seclusion.' 'You know her too?' the Doctor asked, turning to his brother-in-law. 'Ye-e-es – just a bit; after all, she's pretty well known here.' The married couple exchanged a look of understanding. The Doctor noticed that for some reason they found it unpleasant to talk about this subject and put no further questions.

The Herr Rat displayed all the more interest in this theme when the lady of the house had left the gentlemen to their black coffee. 'That Clara,' he enquired with a cunning smirk, and contemplated the ash which was falling from his cigar into the silver ashtray. 'They say she was a quiet and, what's more, an ugly child, eh?' The Doctor remained silent. The Herr Rat drew confidentially closer: 'Some story, that was! – Didn't you ever hear of it?' 'Why, I've

niemandem gesprochen.› ‹Was, gesprochen›, lächelte der Rat fein, ‹man hat es ja in den Zeitungen lesen können.› ‹Was?› fragte der Doktor nervös.

‹Also, sie ist ihm durchgegangen› – hinter einer Wolke Rauches her schickte der Fabrikant diesen überraschenden Satz und wartete in unendlichem Behagen die Wirkung desselben ab. Aber diese schien ihm nicht zu gefallen. Er nahm eine geschäftliche Miene an, setzte sich gerade und begann in anderem berichtenden Ton, gleichsam gekränkt. ‹Hm. Man hat sie verheiratet an den Baurat Lehr. Du wirst ihn nicht mehr gekannt haben. Kein alter Mann, in meinem Alter. Reich, durchaus anständig, weißt du, durchaus anständig. Sie hatte keinen Groschen und war obendrein nicht schön, ohne Erziehung usw. Aber der Baurat wünschte ja auch keine große Dame, eine bescheidene Hausfrau. Aber die Klara – sie wurde überall in der Gesellschaft aufgenommen, man brachte ihr allgemein Wohlwollen entgegen, – wirklich – man benahm sich – also sie hätte sich eine Position schaffen können mit Leichtigkeit, weißt du – aber die Klara, eines Tages – kaum zwei Jahre nach der Hochzeit: fort ist sie. Kannst du dir denken: fort. Wohin? Nach Italien. Eine kleine Vergnügungsreise, natürlich nicht allein. Wir haben sie schon im ganzen letzten Jahr nicht eingeladen gehabt, – als ob wir geahnt hätten! Der Baurat, mein guter Freund, ein Ehrenmann, ein Mann –›

‹Und Klara?› unterbrach ihn der Doktor und erhob sich. ‹Ach so – ja, na die Strafe des Himmels hat sie erreicht. Also der Betreffende – man sagt ein Künstler, weißt du – ein leichter Vogel, natürlich nur so – Also wie sie aus Italien zurück waren, in München: adieu und ward nicht mehr gesehen. Jetzt sitzt sie mit ihrem Kind!›

Doktor Laßmann ging erregt auf und nieder: ‹In München?› ‹Ja, in München›, antwortete der Rat und erhob sich gleichfalls. ‹Es soll ihr übrigens recht elend gehen –› ‹Was heißt elend?–› ‹Nun›, der Rat betrachtete seine Zigarre, ‹pekuniär und dann überhaupt – Gott – so eine Existenz – – –› Plötzlich legte er seine gepflegte Hand dem Schwager auf die Schulter, seine Stimme gluckste vor Vergnügen:

never spoken with anybody.' 'Spoken, my foot,' said the Counsellor with a genteel smile, 'why, one could have read about it in the papers.' 'What?' the Doctor asked, on edge.

'Well, she left him stranded' – following up a cloud of smoke, the manufacturer emitted this astonishing statement and awaited its effect with boundless satisfaction. But it didn't seem to please him. He assumed a businesslike air and launched into a different narrative key, as though offended. 'Hum. She'd been married off to Architect Lehr. You won't have known him in your day. Not an old man, about my age. Rich, thoroughly decent you understand, thoroughly decent. She hadn't a bean and what's more wasn't good-looking, no education, and so on. But then, the architect wanted no grand lady, simply a modest housewife.

Yet that Clara – she was received everywhere in society, goodwill was universally bestowed upon her – truly – they did the proper thing – so she could easily have made a niche for herself, you realize – but that Clara, one day – scarcely two years after the wedding: off she's gone. You can imagine: gone. Where? To Italy. A little pleasure trip, naturally not by herself. For the whole of the last year we hadn't invited her – as if we'd had a premonition! The architect, my good friend, a man of honour, a man –'

'And Clara?' the Doctor interrupted him and stood up. 'Ah well – of course, the punishment of Heaven has overtaken her. Now the man in the case – an artist you know, they say – a dubious bird, so to speak – Well, when they'd got back from Italy, in Munich: farewell, and ne'er was seen again. Now she's left alone with her child!'

Dr Lassmann walked excitedly up and down: 'In Munich?' 'Yes, in Munich,' answered the Counsellor and also rose to his feet. 'Incidentally, they say she's having a very hard time –' 'What does a hard time mean?' – 'Well,' the Counsellor inspected his cigar, 'financially and in general as well – God – what an existence...' Suddenly he placed his well-groomed hand on his brother-in-law's

‹weißt du, übrigens erzählte man sich, sie lebe von –› Der Doktor drehte sich kurz um und ging aus der Tür. Der Herr Rat, dem die Hand von der Schulter des Schwagers gefallen war, brauchte zehn Minuten, um sich von seinem Staunen zu erholen. Dann ging er zu seiner Frau hinein und sagte ärgerlich: ‹Ich hab es immer gesagt, dein Bruder ist ein Sonderling.› Und diese, die eben eingenickt war, gähnte träge: ‹Ach Gott ja.›

Vierzehn Tage später reiste der Doktor ab. Er wußte mit einemmal, daß er seine Kindheit anderswo suchen müsse. In München fand er im Adreßbuch: Klara Söllner, Schwabing, Straße und Nummer. Er meldete sich an und fuhr hinaus. Eine schlanke Frau begrüßte ihn in einer Stube voll Licht und Güte.

‹Georg, und Sie erinnern sich meiner?›

Der Doktor staunte. Endlich sagte er: ‹Also das sind Sie, Klara.› Sie hielt ihr stilles Gesicht mit der reinen Stirn ganz ruhig, als wollte sie ihm Zeit geben, sie zu erkennen. Das dauerte lange. Schließlich schien der Doktor etwas gefunden zu haben, was ihm bewies, daß seine alte Spielgefährtin wirklich vor ihm stünde. Er suchte noch einmal ihre Hand und drückte sie; dann ließ er sie langsam los und schaute in der Stube umher. Diese schien nichts Überflüssiges zu enthalten. Am Fenster ein Schreibtisch mit Schriften und Büchern, an welchem Klara eben mußte gesessen haben. Der Stuhl war noch zurückgeschoben. ‹Sie haben geschrieben?› ... und der Doktor fühlte, wie dumm diese Frage war. Aber Klare antwortete unbefangen: ‹Ja, ich übersetze.› ‹Für den Druck?› ‹Ja›, sagte Klara einfach, ‹für einen Verlag.› Georg bemerkte an den Wänden einige italienische Photographien. Darunter das ‹Konzert› des Giorgione. ‹Sie lieben das?› Er trat nahe an das Bild heran. ‹Und Sie?› ‹Ich habe das Original nie gesehen; es ist in Florenz, nicht wahr?› ‹Im Pitti. Sie müssen hinreisen.› ‹Zu diesem Zweck?› ‹Zu diesem Zweck.› Eine freie und einfache Heiterkeit war über ihr. Der Doktor sah nachdenklich aus.

‹Was haben Sie, Georg. Wollen Sie sich nicht setzen?› ‹Ich bin traurig›, zögerte er. ‹Ich habe gedacht – aber Sie sind ja gar nicht

shoulder, his voice crowed with pleasure: 'By the by, the story went round, d'you see, that she was living off –' The Doctor turned round abruptly and walked through the door. The Herr Rat, whose hand had dropped from his brother-in-law's shoulder, needed ten minutes to recover from his astonishment. Then he went in to his wife and said crossly: 'I've always said so, your brother's a queer fish.' And she, who had just dozed off, yawned sluggishly: 'Heavens yes.'

A fortnight later the Doctor departed. He suddenly knew he must seek his childhood elsewhere. In Munich he found in the directory: Clara Söllner, Schwabing, street and number. He made an appointment and drove out. A slender woman greeted him in a room filled with light and goodness.

'George, and you do remember me?'

The Doctor marvelled. At length he said: 'So this is *you*, Clara?' She kept her placid face, with its pure brow, quite still, as if she wanted to give him time to recognize her. This lasted long. At last the Doctor seemed to have found something which proved to him that his old playmate was really standing before him. He sought her hand once more and squeezed it; then he slowly let it go and looked about him in the room. This seemed to contain nothing superfluous. By the window, a desk with manuscripts and books, at which Clara must just have been seated.

The chair was still thrust back. 'You were writing?' ... and the Doctor felt how stupid this question was. But Clara replied, unselfconsciously: 'Yes, I'm translating.' 'To have printed?' 'Yes,' Clara said simply, 'for a publisher.' George noticed some Italian photos on the walls. Beneath them the 'Concert' by Giorgione. 'You like that?' He stepped close to the picture. 'And you?' 'I've never seen the original; it's in Florence, isn't it?' 'In the Pitti. You must go there.' 'For that purpose?' 'For that purpose.' A free and simple serenity lay upon her. The Doctor looked meditative.

'What's the matter, George? Don't you want to sit down?' 'I feel sad,' he hesitated. 'I've been thinking – but really you're by no

elend →› fuhr es plötzlich heraus. Klara lächelte: ‹Sie haben meine Geschichte gehört?› ‹Ja, das heißt →› ‹Oh›, unterbrach ihn Klara schnell, als sie merkte, daß seine Stirn sich verdunkelte, ‹es ist nicht die Schuld der Menschen, daß sie *anders* davon reden. Die Dinge, die wir erleben, lassen sich oft nicht ausdrücken, und wer sie dennoch erzählt, muß notwendig Fehler begehen →› Pause. Und der Doktor: ‹Was hat Sie so gütig gemacht?› ‹Alles›, sagte sie leise und warm. ‹Aber warum sagen Sie: gütig?› ‹Weil – weil Sie eigentlich hätten hart werden müssen. Sie waren ein so schwaches, hilfloses Kind; solche Kinder werden später entweder hart oder →› ‹Oder sie sterben – wollen Sie sagen. Nun, ich bin auch gestorben. Oh, ich bin viele Jahre gestorben. Seit ich Sie zum letztenmal gesehen habe, zu Haus, bis →› Sie langte etwas vom Tische her: ‹Sehen Sie, das ist sein Bild. Es ist etwas geschmeichelt. Sein Gesicht ist nicht so klar, aber – lieber, einfacher. Ich werde Ihnen dann gleich unser Kind zeigen, es schläft jetzt nebenan. Es ist ein Bub. Heißt Angelo, wie er. Er ist jetzt fort, auf Reisen, weit.›

‹Und Sie sind ganz allein?› fragte der Doktor zerstreut, immer noch über dem Bilde.

‹Ja, ich und das Kind. Ist das nicht genug? Ich will Ihnen erzählen, wie das kommt. Angelo ist Maler. Sein Name ist wenig bekannt, Sie werden ihn nie gehört haben. Bis in die letzte Zeit hat er gerungen mit der Welt, mit seinen Plänen, mit sich und mit mir. Ja, auch mit mir; denn ich bat ihn seit einem Jahr: du mußt reisen. Ich fühlte, wie sehr ihm das not tat. Einmal sagte er scherzend: ‚Mich oder ein Kind?‘ ‚Ein Kind‘, sagte ich, und dann reiste er.›

‹Und wann wird er zurückkehren?›

‹Bis das Kind seinen Namen sagen kann, so ist es abgemacht.› Der Doktor wollte etwas bemerken. Aber Klara lachte: ‹Und da es ein schwerer Name ist, wird es noch eine Weile dauern. Angelino wird im Sommer erst zwei Jahre.›

‹Seltsam›, sagte der Doktor. ‹Was, Georg?› ‹Wie gut Sie das Leben verstehen. Wie groß Sie geworden sind, wie jung. Wo haben Sie Ihre Kindheit hingetan? – wir waren doch beide so – so hilflose Kinder.

means having a hard time –' burst suddenly from him. Clara smiled: 'You've heard my story?' 'Yes, that is –' 'Oh,' Clara quickly interrupted him, as she noticed that his brow was darkening, 'it's not people's fault that they talk about it *differently*. The things we experience often can't be expressed, and whoever relates them nevertheless is bound to make mistakes –' A pause. And the Doctor: 'What has made you so kind?' 'Everything,' she said softly and warmly. 'But why do you say: kind?' 'Because – because you really ought to have grown hard-hearted. You were such a weak, helpless child: such children later either grow hard-hearted or –' 'Or they die – you want to say. Well, I actually did die. Oh, I was dead for many years. Since I saw you the last time at home, until –' She plucked something from the table: 'Look, that's a picture of him. It's a bit flattering. His face isn't so distinctive, but more lovable, simpler. I'll show you our child in just a moment, he's sleeping now in the next room. It's a boy. Named Angelo, like him. He's away just now on his travels, far away.'

'And you're quite alone?' the Doctor asked absently, still bent over the picture.

'Yes, myself and the child. Isn't that enough? I'll tell you how that comes about. Angelo is a painter. His name isn't well known. You'll never have heard of it. Till very recently he's been wrestling with the world, with his plans, with himself and with me. Yes, with me as well; for I've been begging him this year past: you must travel. I sensed how urgently he needed that. Once he said jokingly: 'Myself or a child?' 'A child,' I said, and then he set off.

'And when will he return?'

'By the time the child can say his name, that's what's been agreed.' The Doctor wanted to make a remark. But Clara laughed: 'And since it's a difficult name, it'll still take some time. Angelino will only be two years old this summer.'

'Strange,' said the Doctor. 'What is, George?' 'How well you understand life. How tall you have grown, how young. Where have you put away your childhood? After all we were both such – such

Das läßt sich doch nicht ändern oder ungeschehen machen.› ‹Sie meinen also, wir hätten an unserer Kindheit *leiden* müssen, von rechtswegen?› ‹Ja, gerade das meine ich. An diesem schweren Dunkel hinter uns, zu dem wir so schwache, so ungewisse Beziehungen behalten. Da ist eine Zeit: wir haben unsere Erstlinge hineingelegt, allen Anfang, alles Vertrauen, die Keime zu alledem, was vielleicht einmal werden sollte. Und plötzlich wissen wir: Alles das ist versunken in einem Meer, und wir wissen nicht einmal genau wann. Wir haben es gar nicht bemerkt. Als ob jemand sein ganzes Geld zusammensuchte, sich dafür eine Feder kaufte und sie auf den Hut steckte, hui: der nächste Wind wird sie mitnehmen. Natürlich kommt er zu Hause ohne Feder an, und ihm bleibt nichts übrig, als nachzudenken, wann sie wohl könnte davongeflogen sein.›

‹Sie denken daran, Georg?›

‹Schon nicht mehr. Ich habe es aufgegeben. Ich beginne irgendwo hinter meinem zehnten Jahr, dort, wo ich aufgehört habe zu beten. Das andere gehört nicht mir.›

‹Und wie kommt es dann, daß Sie sich an *mich* erinnert haben?›

‹Darum komme ich ja zu Ihnen. Sie sind der einzige Zeuge jener Zeit. Ich glaubte, ich könnte in Ihnen wiederfinden, – was ich in mir *nicht* finden kann. Irgend eine Bewegung, ein Wort, einen Namen, an dem etwas hängt – eine Aufklärung –› Der Doktor senkte den Kopf in seine kalten, unruhigen Hände.

Frau Klara dachte nach: ‹Ich erinnere mich an so weniges aus meiner Kindheit, als wären tausend Leben dazwischen. Aber jetzt, wie Sie mich so daran mahnen, fällt mir etwas ein. Ein Abend. Sie kamen zu uns, unerwartet; Ihre Eltern waren ausgegangen, ins Theater oder so. Bei uns war alles hell. Mein Vater erwartete einen Gast, einen Verwandten, einen entfernten reichen Verwandten, wenn ich mich recht entsinne. Er sollte kommen aus, aus – ich weiß nicht woher, jedenfalls von weit. Bei uns wartete man schon seit zwei Stunden auf ihn. Die Türen waren offen, die Lampen brannten, die Mutter ging von Zeit zu Zeit und glättete eine Schutzdecke auf dem Sofa, der Vater stand am Fenster. Niemand wagte sich zu

helpless children. That can't be changed or undone, can it?' 'So you believe that, justly speaking, we should have *suffered* through our childhood?' 'Yes, that's exactly what I do mean. Through that heavy darkness lying behind us, with which we maintain such feeble, such uncertain links. There lies a stretch of time: we've put our first fruits in it, all beginnings, all our trust, the seeds of everything that ought perhaps one day to come into being. And suddenly we know: all that has sunk in an ocean, and we don't even know exactly when. We haven't noticed it at all. As if someone were to collect all his money, bought a feather with it and stuck it on his hat, whizz! – the next wind will carry it off. Of course he'll arrive home without the feather, and his sole recourse is to puzzle out when on earth it might have flown away.'

'You're thinking of that, George?'

'Now no longer. I've given it up. I begin somewhere after my tenth year, the point where I stopped praying. The rest doesn't belong to me.'

'And how does it come about, then, that you've remembered *me*?'

'That's just why I come to you. You're the only witness to that period. I thought I might rediscover in you what I *can't* find in myself. Some emotion, a word, a name, to which something clings – an illumination.' The Doctor lowered his head into his chilled, restless hands.

Frau Clara meditated: 'I remember so little of my childhood, as though there were a thousand lives in between. But now that you remind me so strongly of it, I do recall something. One evening. You came to us unexpectedly; your parents had gone out, to the theatre or somewhere. All the lights were on in our home. My father was awaiting a guest, a relation, a distant, wealthy relation if my memory serves. He was supposed to be coming from, from – I don't know where from, at any rate from a distance. At home we'd already been expecting him these two hours past. The doors were open, the lamps lit, every now and then our mother went and smoothed a protective cover on the sofa; father was standing by the window.

59

setzen, um keinen Stuhl zu verrücken. Da Sie gerade kamen, warteten Sie mit uns. Wir Kinder horchten an der Tür. Und je später es wurde, einen desto wunderbarern Gast erwarteten wir. Ja wir zitterten sogar, er könnte kommen, ehe er jenen letzten Grad von Herrlichkeit erreicht haben würde, dem er mit jeder Minute seines Ausbleibens näher kam. Wir fürchteten nicht, er könnte überhaupt nicht erscheinen; wir wußten bestimmt: er kommt, aber wir wollten ihm Zeit lassen, groß und mächtig zu werden.›

Plötzlich hob der Doktor den Kopf und sagte traurig: ‹Das also wissen wir beide, daß er *nicht* kam – Ich habe es auch nicht vergessen gehabt.› ‹Nein›, – bestätigte Klara, ‹er kam nicht –› Und nach einer Pause: ‹Aber es war doch schön!› ‹Was?› ‹Nun so – das Warten, die vielen Lampen, – die Stille – das Feiertägliche.›

Etwas rührte sich im Nebenzimmer. Frau Klara entschuldigte sich für einen Augenblick; und als sie hell und heiter zurückkam, sagte sie: ‹Wir können dann hineingehen. Er ist jetzt wach und lächelt. – Aber was wollten Sie eben sagen?›

‹Ich habe mir eben überlegt, was Ihnen könnte geholfen haben zu – zu sich selbst, zu diesem ruhigen Sichbesitzen. Das Leben hat es Ihnen doch nicht leicht gemacht. Offenbar half Ihnen etwas, was mir fehlt?› ‹Was sollte das sein Georg?› Klara setzte sich neben ihn.

‹Es ist seltsam; als ich mich zum erstenmal wieder Ihrer erinnerte, vor drei Wochen nachts, auf der Reise, da fiel mir ein: sie war ein frommes Kind. Und jetzt, seit ich Sie gesehen habe, trotzdem Sie so ganz anders sind, als ich erwartete – trotzdem, ich möchte fast sagen, nur noch desto sicherer, empfinde ich: was Sie geführt hat, mitten durch alle Gefahren, war Ihre – Ihre Frömmigkeit.›

‹Was nennen Sie Frömmigkeit?›

‹Nun, Ihr Verhältnis zu Gott, Ihre Liebe zu ihm, Ihr Glauben.› –

Frau Klara schloß die Augen: ‹Liebe zu Gott? Lassen Sie mich nachdenken.› Der Doktor betrachtete sie gespannt. Sie schien ihre Gedanken langsam auszusprechen, so wie sie ihr kamen: ‹Als Kind – Hab ich da Gott geliebt? Ich glaube nicht. Ja ich habe nicht einmal – es hätte mir wie eine wahnsinnige Überhebung – das ist nicht das

No one dared to sit down, so as not to displace a chair. Since you arrived just then you waited with us. We children listened by the door. And the later it grew, the more wondrous a guest we came to expect. Indeed we even trembled lest he should come before he had attained that ultimate pitch of grandeur which he approached more nearly each minute he stayed away. We were not afraid he might not turn up at all; we knew for certain: he'll come, but we wanted to give him time to grow great and powerful.'

Suddenly the Doctor raised his head and said sadly: 'So both of us know that he *didn't* come – I'd also not forgotten it.' 'No,' Clara confirmed, 'he didn't come –' And after a pause: 'But it was lovely all the same!' 'What?' 'Like it was – the waiting, the many lamps – the silence – the festive atmosphere.'

Something stirred in the adjoining room. Frau Clara excused herself for a moment; and when she returned, radiant and serene, she said: 'So we can go in. He's awake now and smiling – But what did you just want to say?'

'I've just been pondering what might have helped you onward to – to yourself, to this calm self-possession. After all, life has not made it easy for you. Clearly something helped you that is lacking in me?' 'What could that be, George?' Clara sat down beside him.

'It's strange; when I recollected you again for the first time three weeks ago, at night on the journey, it struck me: she was a pious child. And now since I've seen you, despite your being so altogether different from what I was expecting – despite that (I'd almost like to say with yet greater certainty), I feel: what has led you right through all dangers was your – your piety.'

'What do you call piety?'

'Well, your relationship with God, your love for Him, your faith.'

Frau Clara closed her eyes: 'Love for God? Let me consider.' The Doctor regarded her tensely. She seemed to express her thoughts slowly, just as they occurred to her: 'As a child, did I love God then? I don't believe so. Indeed I didn't even – it would have looked to me like insane arrogance – that's not the right word – like the greatest

richtige Wort – wie die größte Sünde geschienen, zu denken: Er ist. Als ob ich ihn damit gezwungen hätte *in mir*, in diesem schwachen Kind mit den lächerlich langen Armen, zu sein, in unserer armen Wohnung, in der alles unecht und lügnerisch war, von den Bronzewandtellern aus Papiermaché bis zum Wein in den Flaschen, die so teure Etiketten trugen. Und später –› Frau Klara machte eine abwehrende Bewegung mit den Händen, und ihre Augen schlossen sich fester, als fürchteten sie, durch die Lider etwas Furchtbares zu sehen – ‹ich hätte ihn ja hinausdrängen müssen aus mir, wenn er in mir gewohnt hätte damals. Aber ich wußte nichts von ihm. Ich hatte ihn ganz vergessen. Ich hatte *alles* vergessen. – Erst in Florenz: Als ich zum erstenmal in meinem Leben sah, hörte, fühlte, erkannte und zugleich danken lernte für alles das, da dachte ich wieder an ihn. Überall waren Spuren von ihm. In allen Bildern fand ich Reste von seinem Lächeln, die Glocken lebten noch von seiner Stimme, und an den Statuen erkannte ich Abdrücke seiner Hände.›

‹Und da fanden Sie ihn?›

Klara schaute den Doktor mit großen, glücklichen Augen an: ‹Ich fühlte, daß er *war*, irgendwann einmal *war* ... warum hätte ich *mehr* empfinden sollen? Das war ja schon Überfluß.›

Der Doktor stand auf und ging ans Fenster. Man sah ein Stück Feld und die kleine, alte Schwabinger Kirche, darüber Himmel, nicht mehr ganz ohne Abend. Plötzlich fragte Doktor Laßmann, ohne sich umzuwenden: ‹Und jetzt?› Als keine Antwort kam, kehrte er leise zurück.

‹Jetzt –›, zögerte Klara, als er gerade vor ihr stand, und hob die Augen voll zu ihm auf: ‹jetzt denke ich manchmal: Er wird sein.›

Der Doktor nahm ihre Hand und behielt sie einen Augenblick. Er schaute so ins Unbestimmte.

‹Woran denken Sie, Georg?›

‹Ich denke, daß das wieder wie an jenem Abend ist: *Sie* warten wieder auf den Wunderbaren, auf Gott, und wissen, daß er kommen wird – Und ich komme zufällig dazu –.›

Frau Klara erhob sich leicht und heiter. Sie sah sehr jung aus.

sin to think: He exists. As if I'd thus forced Him to exist *in me*, in this feeble child with the ridiculously long arms, in our poor home, in which everything was false and spurious, from the bronze platters on the walls, made of papier mâché, to the wine in the bottles, which bore such expensive labels. And later' – Frau Clara made a dismissive motion with her hands, and her eyes closed more firmly, as though they feared to see something terrible through their lids – 'why, I'd have had to drive Him out of me if He had dwelt in me at that time. But I knew nothing of Him. I'd quite forgotten Him. I'd forgotten *everything*. –

Not until Florence – when for the first time in my life I saw, heard, felt, perceived, and at the same time learned to give thanks for all that, then did I think of Him once more. Everywhere lay traces of Him. In all paintings I found remnants of His smile, the bells still lived with His voice, and on the statues I recognized impressions of His hands.'

'And there you found Him?'

Clara regarded the Doctor, her eyes wide and joyful: 'I felt that He *was, was* at some time or other . . . why should I have felt *more*? Why, that alone was excess of plenty.'

The Doctor stood up and went to the window. One could see a piece of field and the small, ancient Schwabing church, above – sky, no longer quite untouched by evening. Suddenly Dr Lassmann asked, without turning round: 'And now?' When no answer came he returned softly.

'Now –' Clara hesitated as he stood immediately before her and raised her eyes up to him: 'Now I sometimes think: He will be.'

The Doctor took her hand and held it for a moment. Thus he gazed into the uncertainty ahead.

'What are you thinking of, George?'

'I'm thinking that it's once again like that evening: *you* are once again waiting for the marvellous Being, for God, and know that He will come – and I happen to join you –'

Frau Clara stood up, nimble and serene. She looked very young.

‹Nun, diesmal wollen wirs aber auch abwarten.› Sie sagte das so froh und einfach, daß der Doktor lächeln mußte. So führte sie ihn in das andere Zimmer, zu ihrem Kind. –»

In dieser Geschichte ist nichts, was Kinder nicht wissen dürfen. Indessen, die Kinder haben sie *nicht* erfahren. Ich habe sie nur dem Dunkel erzählt, sonst niemandem. Und die Kinder haben Angst vor dem Dunkel, laufen ihm davon, und müssen sie einmal drinnen bleiben, so pressen sie die Augen zusammen und halten sich die Ohren zu. Aber auch für sie wird einmal die Zeit kommen, da sie das Dunkel lieb haben. Sie werden von ihm meine Geschichte empfangen und dann werden sie sie auch besser verstehen.

'Well, but this time let's also wait to the end.' She said this so merrily and simply that the Doctor had to smile. Then she led him into the other room, to her child. –"

In this tale there's nothing that children ought not to know. However, children have *not* experienced it. I've only told it to the darkness, otherwise to no one. And children are afraid of the dark, run away from it and if, for once, they have to remain in it, they squeeze their eyes shut and keep their ears closed. But for them, too, the time will some day come when they are fond of the darkness. They will reap my story from it and, what's more, they'll then understand it better.

Joseph Roth
Der Vorzugsschüler

Des Briefträgers Andreas Wanzls Söhnchen, Anton, hatte das merkwürdigste Kindergesicht von der Welt. Sein schmales blasses Gesichtchen mit den markanten Zügen, die eine gekrümmte ernste Nase noch verschärfte, war von einem äußerst kargen, weißgelben Haarschopf gekrönt. Eine hohe Stirn thronte ehrfurchtgebietend über dem kaum sichtbaren, weißen Brauenpaar darunter sahen zwei blaßblaue, tiefe Äuglein sehr altklug und ernst in die Welt. Ein Zug der Verbissenheit trotzte in den schmalen, blassen, zusammenge-preßten Lippen und ein schönes, regelmäßiges Kinn bildete einen imposanten Abschluß des Gesichtes. Der Kopf stak auf einem dünnen Halse, sein ganzer Körperbau war schmächtig und zart. Zu seiner Gestalt bildeten nur die starken roten Hände, die an den dünngebrechlichen Handgelenken wie lose angeheftet schlenkerten, einen sonderbaren Gegensatz. Anton Wanzl war stets nett und reinlich gekleidet. Kein Stäubchen auf seinem Rock, kein winziges Loch im Strumpf, keine Narbe, kein Ritz auf dem glatten, blassen Gesichtchen. Anton Wanzl spielte selten, raufte nie mit den Buben und stahl keine roten Äpfel aus Nachbars Garten. Anton Wanzl *lernte* nur. Er lernte vom Morgen bis spät in die Nacht. Seine Bücher und Hefte waren fein säuberlich in knatterndes weißes Packpapier gehüllt, auf dem ersten Blatte stand in der für ein Kind seltsam kleinen, netten Schrift sein Name. Seine glänzenden Zeugnisse lagen feierlich gefaltet in einem großen, ziegelroten Kuvert dicht neben dem Album mit den wunderschönsten Briefmarken, um die Anton noch mehr als um seine Zeugnisse beneidet wurde.

Anton Wanzl war der ruhigste Junge im ganzen Ort. In der Schule saß er still, die Arme nach Vorschrift «verschränkt» und starrte mit seinen altklugen Äuglein auf den Mund des Lehrers. Freilich war er Primus. Ihn hielt man stets als Muster der ganzen Klasse vor, seine Schulhefte wiesen keinen roten Strich auf, mit Ausnahme der

Joseph Roth
The Prize Pupil

Anton, the small son of Andreas Wanzl the postman, had the most remarkable child's face in the world. His narrow, pale little face, with its prominent features, which were further intensified by a crooked nose of earnest appearance, was crowned by an extremely sparse tuft of light-yellow hair. A lofty forehead throned awesomely above the barely visible white eyebrows; below, two pale-blue, deep-set little eyes gazed at the world in a most precocious and serious fashion. An air of stubbornness bade defiance in the thin, pale, compressed lips, and a beautiful, regular chin formed an impressive termination to his countenance. His head rested on a slender neck, the whole build of his body was weedy and delicate. Only his strong red hands, which dangled as though loosely attached to his thin and fragile wrists, formed a strange contrast to his figure. Anton Wanzl was always trimly and cleanly dressed. Not a speck of dust on his jacket, not the tiniest hole in his stocking, no scar, no scratch on his smooth, pale little face. Anton Wanzl seldom played games, never had a scuffle with the lads and stole no red apples from a neighbour's garden. Anton Wanzl simply *learnt*. He learnt from morning till late at night. His books and exercises were covered, all nice and tidy, in crackling white wrapping paper; on the first page, in a script strangely minute and neat for a child, stood his name. His glowing school reports lay ceremoniously folded in a large, brick-red envelope, right next to the album with the most marvellous stamps, for which Anton was yet more envied than for his reports.

Anton Wanzl was the quietest boy in the whole place. At school he would sit still, his arms "folded" in the regulation manner, and stare at the teacher's mouth with his precocious little eyes. He was of course top-boy. He was always held up as a model before the whole class, his exercise books showed no trace of red, except for the huge

67

mächtigen 1, die regelmäßig unter allen Arbeiten prangte. Anton gab ruhige, sachliche Antworten, war stets vorbereitet, nie krank. Auf seinem Platz in der Schulbank saß er, wie angenagelt. Am unangenehmsten waren ihm die Pausen. Da mußten alle hinaus, das Schulzimmer wurde gelüftet, nur der «Aufseher» blieb. Anton aber stand draußen im Schulhof, drückte sich scheu an die Wand und wagte keinen Schritt aus Furcht, von einem der rennenden, lärmenden Knaben umgestoßen zu werden. Aber wenn die Glocke wieder läutete, atmete Anton auf. Bedächtig, wie sein Direktor, schritt er hinter den drängenden polternden Jungen einher, bedächtig setzte er sich in die Bank, sprach zu keinem ein Wort, richtete sich kerzengrade auf und sank automatenhaft wieder auf den Platz nieder, wenn der Lehrer «Setzen» kommandiert hatte.

Anton Wanzl war kein glückliches Kind. Ein brennender Ehrgeiz verzehrte ihn. Ein eiserner Wille zu glänzen, alle seine Kameraden zu überflügeln, rieb fast seine schwachen Kräfte auf. Vorderhand hatte Anton nur *ein* Ziel. Er wollte «Aufseher» werden. Das war nämlich zur Zeit ein anderer, ein «minder guter» Schüler, der aber der Älteste in der Klasse war und dessen respektables Alter im Klassenlehrer Vertrauen erweckt hatte. Der «Aufseher» war eine Art Stellvertreter des Lehrers. In dessen Abwesenheit hatte der also ausgezeichnete Schüler auf seine Kollegen aufzupassen, die Lärmenden «aufzuschreiben» und dem Klassenlehrer anzugeben, für eine blanke Tafel, feuchten Schwamm und zugespitzte Kreide zu sorgen, Geld für Schulhefte, Tintenfässer und Reparaturen rissiger Wände und zerbrochener Fensterscheiben zu sammeln. Ein solches Amt imponierte dem kleinen Anton gar gewaltig. Er brütete in schlaflosen Nächten grimmige, racheheiße Pläne aus, er sann unermüdlich darüber nach, wie er den «Aufseher» stürzen könnte, um selber dieses Ehrenamt zu übernehmen. Eines Tages hatte er es heraus.

Der «Aufseher» hatte eine ganz merkwürdige Vorliebe für Farbenstifte und -tinten, für Kanarienvögel, Tauben und junge Küchlein. Geschenke solcher Art konnten ihn leicht bestechen und der Geber durfte nach Herzenslust lärmen, ohne angezeigt zu

"1" which stood as a regular adornment beneath all his work. Anton gave calm, factual answers, was always well prepared, never ill. He would sit at his place on the school-bench as though nailed down. What he most disliked were the breaks. Then all had to go outside, the classroom was aired, only the "monitor" stayed behind. But Anton stood outside in the playground, squeezed himself timidly against the wall and risked not a single step, for fear of being knocked over by one of the rushing, boisterous lads. But when the bell rang Anton heaved a sigh of relief. Deliberately, like his head master, he strode behind the pushing, clamorous youngsters, deliberately he sat down on the bench, uttered a word to nobody, stood up straight as a ram-rod and sank down again on his seat like an automaton when the master had given the order "sit down".

Anton Wanzl was not a happy child. Blazing ambition consumed him. An iron will to shine, to outdo all his mates, practically wore out his feeble energies. For the moment Anton had but *one* goal. He wished to become "monitor". For just then it was someone else, a pupil of "lesser merit", who however was the oldest in the class and whose respectable age had awakened the form-master's trust. The "monitor" was a kind of teacher's deputy. In the latter's absence, the pupil on whom this distinction fell had to keep watch on his fellows, "take down" those making a row and report them to the form-master, to provide for a clean blackboard, moist sponge and pointed chalk, to collect money for exercise-books, ink-wells and repairs to cracked walls and window-panes. Such an office made a truly vast impression on little Anton. In sleepless nights he hatched dreadful plans that seethed with revenge, he tirelessly pondered how he might overthrow the "monitor", so that he could assume this honorary post himself. One day he hit on the solution.

The "monitor" doted in a quite peculiar way on coloured crayons and inks, on canaries, pigeons and young chicklets. Gifts of this sort could easily corrupt him, and the donor could then make as much din as he pleased without being reported. Here Anton wished to

werden. Hier wollte Anton eingreifen. Er selbst gab nie Geschenke. Aber noch ein zweiter Junge zahlte keinen Tribut. Es war der Ärmste der Klasse. Da der «Aufseher» den Anton nicht anzeigen konnte, weil man diesem Jungen keinen Schabernack zutraute, war der arme Knabe das tägliche Opfer der aufseherischen Anzeigenwut. Hier konnte Anton ein glänzendes Geschäft machen. Keiner würde ahnen, daß er «Aufseher» werden wolle. Nein, nahm er sich des armen, windelweich geprügelten Jungen an und verriet er dem Lehrer die schändliche Bestechlichkeit des jungen Tyrannen, so würde man das sehr gerecht, ehrlich und mutig nennen. Aber auch kein anderer hatte dann Aussicht auf den vakanten Aufseherposten, als eben Anton. Und so faßte er sich eines Tages ein Herz und schwärzte den «Aufseher» an. Derselbe wurde sofort unter Verabreichung einiger Rohrstockstreiche seines Amtes enthoben und Anton Wanzl zum «Aufseher» feierlich ernannt. Er hatte es erreicht.

Anton Wanzl saß sehr gerne auf dem schwarzen Katheder. Es war so ein wonniges Gefühl, von einer respektablen Höhe aus das Klassenzimmer zu überblicken, mit dem Bleistift zu kritzeln, hie und da Mahnungen auszuteilen und ein bißchen Vorsehung zu spielen, indem man ahnungslose Polterer aufschrieb, der gerechten Strafe zuführte und im Vorhinein wußte, wen das unerbittliche Schicksal ereilen werde. Man wurde vom Lehrer ins Vertrauen gezogen, durfte Schulhefte tragen, konnte wichtig erscheinen, genoß ein Ansehn. Aber Anton Wanzls Ehrgeiz ruhte nicht. Stets hatte er ein neues Ziel vor Augen. Und darauf arbeitete er mit allen Kräften los.

Dabei konnte er aber keineswegs ein «Lecker» genannt werden. Er bewahrte äußerlich stets seine Würde, jede seiner kleinen Handlungen war wohl durchdacht, er erwies den Lehrern kleine Aufmerksamkeiten mit einem ruhigen Stolz, half ihnen in die Überröcke mit der strengsten Miene, und jede seiner Schmeicheleien war unauffällig und hatte den Charakter einer Amtshandlung.

Zu Hause hieß er «Tonerl» und galt als Respektsperson. Sein Vater hatte das charakteristische Wesen eines kleinstädtischen Briefträgers, halb Amtsperson, halb privater Geheimsekretär und

intervene. He himself never gave presents. But a second boy, too, paid no tribute. He was the poorest in the class. As the "monitor" could not report Anton, because no mischief could be attributed to such a boy, the poor urchin was daily sacrificed to the supervisor's reporting mania. Here Anton could carry off a magnificent coup. No one would suspect that he wanted to become "monitor". No, if he took up the cause of the poor boy being pounded to a jelly and revealed to the teacher how shamefully the young tyrant could be bribed, his action would be termed most just, honourable and courageous. But then, too, no one else had any chance of securing the vacant monitor's post apart from Anton himself. And so, one day, he plucked up courage and denounced the "monitor". The latter was forthwith relieved of his office, to the accompanying bestowal of several strokes of the birch, and Anton Wanzl was solemnly proclaimed "monitor". He had achieved his aim.

It gave Anton Wanzl great pleasure to sit on the black lecturing desk. It was such a heavenly feeling to survey the classroom from a decent height, to scribble with one's pencil, to issue sundry warnings, to ape providence a little by booking unsuspecting rowdies, bringing them to just punishment, and knowing in advance who would be overtaken by remorseless fate. One was taken into the teacher's confidence, allowed to carry exercise-books, could look important, enjoyed status. But Anton Wanzl's ambition did not stop there. He always kept a new goal in sight. And he worked to attain it with all his energies.

Yet he could no way be called a "toady". Outwardly he always maintained his dignity, each of his petty actions was carefully thought out, he undertook small services for the teachers with quiet pride and helped them into their overcoats, his expression utterly austere the while, and each piece of flattery was inconspicuous and bore the character of an official transaction.

At home he was called "Tony" and deemed a person of consequence. His father had the typical personality of a small-town postman: half functionary, half private privy secretary and

Mitwisser mannigfaltiger Familiengeheimnisse, ein bißchen würde-
voll, ein bißchen untertänig, ein wenig stolz, ein wenig trinkgeldbe-
dürftig. Er hatte den charakteristischen geknickten Gang der
Briefträger, scharrte mit den Füßen, war klein und dürr wie ein
Schneiderlein, hatte eine etwas zu weite Amtskappe und bißchen zu
lange Hosen an, war aber im übrigen ein recht «anständiger
Mensch» und erfreute sich bei Vorgesetzten und Bürgern eines
gewissen Ansehens.

Seinem einzigen Söhnchen bewies Herr Wanzl eine Hochach-
tung, wie er sie nur noch vor dem Herrn Bürgermeister und dem
Herrn Postverwalter hatte. Ja, dachte sich oftmals Herr Wanzl an
seinen freien Sonntagnachmittagen: Der Herr Postverwalter ist
eben ein Postverwalter. Aber was mein Anton noch alles werden
kann! Bürgermeister, Gymnasialdirektor, Bezirkshauptmann, und
– hier machte Herr Wanzl einen großen Sprung – vielleicht gar
Minister? Wenn er solche Gedanken seiner Frau äußerte, so führte
diese erst den rechten, dann den linken blauen Schürzenzipfel an
beide Augen, seufzte ein bißchen und sagte bloß: «Ja, ja.» Denn Frau
Margarethe Wanzl hatte vor Mann und Sohn einen gewaltigen
Respekt, und wenn sie schon einen Briefträger hoch über alle andern
stellte, wie nun gar einen Minister?!

Der kleine Anton aber vergalt den Eltern ihre Sorgfalt und Liebe
mit sehr viel Gehorsam. Freilich, das fiel ihm gar nicht allzu schwer.
Denn da seine Eltern wenig befahlen, hatte Anton wenig zu
gehorchen. Aber zugleich mit seinem Ehrgeiz, der beste Schüler zu
sein, ging auch sein Bestreben, ein «guter Sohn» genannt zu
werden. Wenn ihn seine Mutter vor den Frauen lobte, sommers,
draußen vor der Türe, auf der dottergelben Holzbank, und Anton
auf dem Hühnerbauer mit seinem Buche saß, so schwoll sein Herz
vor Stolz. Er machte freilich dabei die gleichgültigste Miene, schien,
ganz in seine Sache vertieft, von den Weiberreden kein Wort zu
hören. Denn Anton Wanzl war ein geriebener Diplomat. Er war so
gescheit, daß er nicht gut sein konnte.

Nein, Anton Wanzl war nicht gut. Er hatte keine Liebe, er fühlte

accessory to diverse family secrets, a bit on his dignity, a bit servile, a trifle haughty, a trifle eager for tips. He had the typical foundering gait of the postman, dragged his feet, was small and gaunt like a little tailor,

wore a rather too ample official cape and trousers a shade too long, but was for the rest a truly "decent chap" and enjoyed a certain standing in the eyes of his superiors and the townsfolk.

For his one-and-only little son, Herr Wanzl showed a respect only equalled by that he felt for the Herr Burgomaster and the Herr Postmaster. Indeed, Herr Wanzl often used to think on his free Sunday afternoons: the Herr Postmaster is no more than a postmaster. But what a host of things my Anton may yet become! Burgomaster, director of a grammar school, district commissioner and – here Herr Wanzl took a great leap forward – maybe even a minister? When he expressed such reflections to his wife, the latter applied first the right, then the left tip of her blue apron to both eyes, sighed a little and merely said: "Yes, yes." For Frau Margarethe Wanzl stood in tremendous awe of her husband and son, and if she already set a postman high above all others, where was she to place none less than a minister?

Little Anton however repaid his parents's care and affection with strict obedience. True, he did not find this too burdensome. For since his parents seldom gave commands, Anton seldom had to obey. But hand in hand with his ambition to be the prize pupil, went his striving to be called a "good son". Whenever his mother praised him in front of women, in summertime, outside before the door, on the egg-yellow wooden bench, while Anton was seated with his book on the chickens' cage, his heart would swell with pride. True, he would then put on the most indifferent expression, seemed, wholly absorbed in his subject; not to hear a single word of the women's talk. For Anton Wanzl was a wily diplomat. He was so clever, he couldn't be good.

No, Anton Wanzl wasn't good. He had no love in him, he felt no

kein Herz. Er tat nur, was er für klug und praktisch fand. Er gab keine Liebe und verlangte keine. Nie hatte er das Bedürfnis nach einer Zärtlichkeit, einer Liebkosung, er war nicht wehleidig, er weinte nie. Anton Wanzl hatte auch keine Tränen. Denn ein braver Junge *durfte* nicht weinen.

So wurde Anton Wanzl älter. Oder besser: er wuchs heran. Denn jung war Anton nie gewesen.

Anton Wanzl änderte sich auch nicht im Gymnasium. Nur in seinem äußeren Wesen war er noch sorgfältiger geworden. Er war weiter der Vorzugsschüler, der Musterknabe, fleißig, sittsam und tugendhaft, er beherrschte alle Gegenstände gleich gut und hatte keine sogenannten «Vorlieben», weil er überhaupt nichts hatte, was mit Liebe zusammenhing. Nichtsdestoweniger deklamierte er Schillersche Balladen mit feurigem Pathos und künstlerischem Schwung, spielte Theater bei verschiedenen Schulfeiern, sprach sehr altklug und weise von der Liebe, verliebte sich aber selbst nie und spielte den jungen Mädchen gegenüber die langweilige Rolle des Mentors und Pädagogen. Aber er war ein vorzüglicher Tänzer, auf Kränzchen gesucht, von tadellos lackierten Manieren und Stiefeln, steifgebügelter Haltung und Hose, und seine Hemdbrust ersetzte an Reinheit, was seinem Charakter von dieser Eigenschaft fehlte. Seinen Kollegen half er stets, aber nicht weil er helfen wollte, sondern aus Furcht, er könnte einmal auch was vom andern brauchen. Seinen Lehrern half er weiter in die Überröcke, war stets bei der Hand, wenn man ihn brauchte, aber ohne Aufsehen zu erregen, und wurde trotz seines kränklichen Aussehens nie krank.

Nach der glänzend bestandenen Matura, den obligaten Glückwünschen und Gratulationen, den elterlichen Umarmungen und Küssen dachte Anton Wanzl über die weitere Richtung seiner Studien nach. Theologie! Dazu hätte er sich vielleicht am besten geeignet, dazu befähigte ihn seine blasse Scheinheiligkeit. Aber – Theologie! Wie leicht konnte man sich da kompromittieren! Nein, das war es nicht. Arzt werden, dazu liebte er die Menschen zu wenig. Advokat wäre er gerne geworden, Staatsanwalt am liebsten – aber

sentiment. He only did what he regarded as shrewd and practical. He gave no love and asked for none. Never did he feel the need for a tender gesture, an embrace; he wasn't a sniveller, he never wept. Indeed Anton Wanzl possessed no tears. For a decent boy *must* not weep.

Thus Anton Wanzl grew older. Or better: he grew up. For Anton had never been young.

Nor did Anton Wanzl become different at the grammar school. It was only in his outward being that he became yet more fastidious. He continued to be the prize pupil, the model youth, industrious, well-behaved and virtuous; he mastered all subjects equally well and had no so-called "first loves", because he had nothing at all that fitted together with love. Nonetheless he declaimed ballads by Schiller with fiery pathos and artistic verve, acted in drama at sundry school festivities, spoke most precociously and with wisdom about love, yet never fell in love himself and, in his dealings with young maidens, played the boring part of the mentor and pedagogue. But he was an excellent dancer, being sought after at parties, his manners and boots alike were immaculately polished, his stance and trousers stiffly ironed, while his shirt-front compensated in purity for what was lacking of that quality in his character. He always gave help to his school-mates, but not because he wanted to help, but from fear that some day he might also need something from someone else. He continued to assist his teachers to put on their coats, was always at hand when he was wanted, though without causing a fuss, and despite his sickly appearance never got ill.

After a brilliant pass in his matriculation exam, the customary congratulations and plaudits, the parental embraces and kisses, Anton Wanzl pondered the further course of his studies. Theology! Perhaps his natural bent lay most in that direction; for that he was well fitted, thanks to his pallid sanctimoniousness. Yet – Theology! How easily one might there compromise oneself! No, that wasn't it. To be a doctor – for that he loved people too little. He would quite like to have become a barrister. Most of all, public prosecutor – but

Jurisprudenz – das war nicht vornehm, galt nicht für ideal. Aber man war Idealist, wenn man Philosophie studierte. Und zwar: Literatur. Ein «Bettlerberuf» – sagten die Leute. Aber man konnte zu Geld und Ansehen kommen, wenn man es geschickt anstellte. Und etwas geschickt anstellen – das konnte Anton.

Anton war also Student. Aber einen so «soliden» Studenten hatte die Welt noch nicht gesehen. Anton Wanzl rauchte nicht, trank nicht, schlug sich nicht. Freilich, einem Verein mußte er angehören, das lag tief in seiner Natur. Er mußte Kollegen haben, die er überflügeln konnte, er mußte glänzen, ein Amt haben, Vorträge halten. Und wenn auch die übrigen Vereinsmitglieder Anton ins Gesicht lachten, ihn einen Stubenhocker und Büffler nannten, so hatten sie doch im Stillen einen gewaltigen Respekt vor dem jungen Menschen, der noch in den grünen Semestern steckte und dennoch ein so ungeheures Wissen besaß.

Auch bei den Lehrern fand Anton Achtung. Daß er klug war, erkannten sie auf den ersten Blick. Er war übrigens ein äußerst notwendiges Nachschlagewerk, ein wandelndes Lexikon, er wußte alle Bücher, Verfasser, Jahreszahlen, Verlagsbuchhandlungen, er kannte alle neuen verbesserten Auflagen, er war ein Schnüffler und Bücherwurm. Aber er hatte auch eine scharfe Kombinationsgabe, ein klein bißchen Stoffhuber, was den Professoren aber am meisten behagte, war eine wahrhaft köstliche Naturgabe. Er konnte nämlich stundenlang mit dem Kopf nicken, ohne zu ermüden. Er gab immer recht. Dem Professor gegenüber kannte er keinen Widerspruch. Und so kam es, daß Anton Wanzl in den Seminarübungen eine bekannte Persönlichkeit war. Er war stets gefällig, immer ruhig und dienstbeflissen, er fand unauffindbare Bücher auf, schrieb Zettel aus und Vortragsankündigungen, aber auch Überröcke hielt er weiter, war Schweizer, Türsteher, Professorenbegleiter.

Nur auf *einem* Gebiete hatte Anton Wanzl sich noch nicht hervorgetan: auf dem der Liebe. Aber er hatte kein Bedürfnis nach Liebe. Freilich, wenn er so im Stillen überlegte, so fand er, daß erst der Besitz eines Weibes ihm bei Freunden und Kollegen vollkom-

Jurisprudence – that lacked distinction, was not considered Idealistic. But one was an Idealist if one studied Philosophy. More precisely: Literature. A "beggarly profession" – folk said. But one could attain wealth and high esteem if one set about it the right way. And setting about things the right way – there Anton had the knack.

So Anton was a student. But the world had never yet beheld so "whole-hearted" a student; Anton Wanzl didn't smoke, didn't drink, fought no duels. True, he had to belong to a club: that lay deep in his nature. He must have mates he could surpass, he must shine, hold an office, give lectures.

And even if the other club-members laughed in Anton's face, called him a stay-at-home and swot, inwardly they felt immense respect for this young fellow who as yet had only stayed a few terms and nonetheless possessed such vast erudition.

Amongst the lecturers, too, Anton met with respect. That he was bright they recognized at the first glance. He was, besides, an utterly essential work of reference, a walking dictionary, he knew all books, authors, dates, publishing houses; he knew all new, improved editions, he was a ferret and book-worm. But he also possessed an incisive gift for combining facts, a petty hawker of facts, yet what pleased the professors most was a truly delightful natural gift. That's to say, he could go on nodding his head for hours without tiring. He always ceded the point. Contradiction was unknown to him in dealing with a professor. And so it was that Anton Wanzl became a well-known figure at the seminar exercises. He was always complaisant, always quiet and eager to be of service; he traced untraceable books, copied out notes and announcements for lectures, but he also continued to hold overcoats, acted as bodyguard, doorkeeper, professor's escort.

There was but *one* sphere in which Anton Wanzl had not yet excelled: the sphere of Love. But he felt no need for love. True, when he thought this over privately, he concluded that only the possession of a wife would be able to procure him the unreserved deference of

menste Achtung verschaffen konnte. Dann erst würden die Spötteleien aufhören, dann stände er, Anton, da, ehrfurchtgebietend, hochgeachtet, unerreichbar, das Muster eines Mannes.

Und auch seine unermeßliche Herrschsucht verlangte nach einem Wesen, das ihm vollständig ergeben wäre, das er kneten und formen konnte nach seinem Willen. Anton Wanzl hatte bis jetzt gehorcht. Nun wollte er einmal befehlen. In allem gehorchen würde ihm nur ein liebendes Weib. Man mußte es nur geschickt anstellen. Und etwas geschickt anstellen, das konnte Anton. –

Die kleine Mizzi Schinagl war Miederverkäuferin bei Popper, Eibenschütz & Co. Sie war ein nettes dunkles Ding mit zwei großen, braunen Rehaugen, einem schnippischen Näschen und einer etwas zu kurzen Oberlippe, so daß das blitzblanke Mäuschengebiß schimmernd hervorblinkte. Sie war schon «wie verlobt» und zwar mit Herrn Julius Reiner, Commis und Spezialisten in Krawatten und Schnupftüchern ebenfalls bei der Firma Popper, Eibenschütz & Co. An dem sauberen jungen Mann fand Mizzi zwar ein ziemliches Wohlgefallen, aber ihr kleines Köpfchen und noch weniger ihr Herz konnte sich den Herrn Julius Reiner als den Gatten der Mizzi Schinagl vorstellen. Nein, der konnte unmöglich ihr Mann werden, der junge Mensch, der noch vor kaum zwei Jahren von Herrn Markus Popper zwei schallende Ohrfeigen erhalten hatte. Mizzi mußte einen Mann haben, zu dem sie aufblicken sollte, einen Ehrenmann von höherer sozialer Stellung. Das echt weibliche Wesen, dessen angeborenen Takt ein Mann erst durch Bildung erwerben muß, empfand manche Seiten des Spezialisten in Krawatten und Schnupftüchern doppelt unschön. Am liebsten wäre Mizzi Schinagl ein junger Student gewesen, einer von den vielen buntbekappten jungen Leuten, die draußen nach Geschäftsschluß auf die weiblichen Angestellten warteten. Mizzi hätte sich so gerne von einem Herrn auf der Straße ansprechen lassen, wenn nur der Julius Reiner nicht so furchtbar achtgegeben hätte.

Aber da hatte grade ihre Tante, Frau Marianne Wontek in der

his friends and fellow-students. Only then would the gibes cease, then he, Anton, would stand there, awesome, augustly esteemed, unreachable, the very model of a man.

And his unbounded lust for domination also craved for a being that would be utterly subservient to him, that he could mould and shape to his will. Hitherto Anton Wanzl had obeyed. Now for once he wanted to command. Only a loving wife would be obedient to him in all things. One merely had to set about it the right way. And setting about it the right way – that's where Anton had the knack.

Little Mizzi Schinagl was a salesgirl for corsetry at Popper, Eibenschütz & Co. She was a dainty, dark creature, with a pair of large, brown, gazelle-like eyes, a pert little nose and a rather shortish upper lip, so that her set of dazzling-white teeth, suggestive of a tiny mouse, gleamed forth in shiny array beneath. She was already "practically engaged", namely to Herr Julius Reiner, counterhand and specialist for cravats and handkerchiefs, also at the firm of Popper, Eibenschütz & Co. Mizzi did indeed find the upright young man fairly attractive, but her tiny little head, and still less her heart, couldn't imagine Herr Julius Reiner as the husband of Mizzi Schinagl.

No, he couldn't possibly become her husband, that young fellow who, barely two years before, had received two resounding clouts on the ear from Herr Markus Popper. Mizzi must have a husband she could look up to, a gentleman enjoying superior social status. This truly feminine being, whose innate tact a man first needs to acquire by training, perceived many aspects of the specialist in cravats and handkerchiefs as doubly unpleasant. Most of all Mizzi Schinagl would have preferred a young student, one of those many young men wearing colourful caps who, after closing hours, waited outside for the female employees. Mizzi would so willingly have let herself be accosted by a gentleman in the street, if only that Julius Reiner hadn't kept such strict watch.

But just then her aunt, Frau Marianne Wontek in the Josefstadt,

Josefstadt, einen neuen, liebenswürdigen Zimmerherrn bekommen. Herr Anton Wanzl war zwar sehr ernst und gelehrt, aber von einer zuvorkommenden Höflichkeit, besonders Fräulein Mizzi Schinagl gegenüber. Sie brachte ihm an den Sonntagnachmittagen den Jausenkaffee in seine Stube, und der junge Herr dankte immer mit einem freundlichen Wort und einem warmen Blick. Ja, einmal lud er sie sogar zum Sitzen ein, aber Mizzi dankte, murmelte etwas von Nichtstören wollen, errötete und schlüpfte etwas verwirrt ins Zimmer der Tante. Als Herr Anton aber sie einmal auf der Straße grüßte und sich anschloß, ging Mizzi sehr gerne mit, machte sogar einen kleinen Umweg, um zu ihrer Wohnung zu gelangen, verabredete mit Herrn stud. phil. Anton Wanzl ein Rendezvous am Sonntag und zankte am nächsten Morgen mit Julius Reiner.

Anton Wanzl erschien einfach, aber elegant gekleidet, sein fades blasses Haar war heute sorgfältiger gescheitelt als je, eine kleine Erregung war seinem weißen kalten Marmorantlitz doch anzumerken. Er saß im Stadtpark neben Mizzi Schinagl und dachte angestrengt darüber nach, was er eigentlich reden sollte. In einer solch fatalen Situation war er noch nie gewesen. Aber Mizzi wußte zu plaudern. Sie erzählte das und jenes, es wurde Abend, der Flieder duftete, die Amsel schlug, der Mai kicherte aus dem Gebüsch, da vergaß sich Mizzi Schinagl und sagte etwas unvermittelt: «Du Anton, ich liebe dich.» Herr Anton Wanzl erschrak ein wenig, Mizzi Schinagl noch mehr, sie wollte ihr glühendes Gesichtchen irgendwo verbergen und wußte kein besseres Versteck, als Herrn Anton Wanzls Rockklappen. Herrn Anton Wanzl war das noch nie passiert, seine steife Hemdbrust knackte vernehmlich, aber er faßte sich bald – einmal mußte das doch geschehn!

Als er sich beruhigt hatte, fiel ihm etwas Vortreffliches ein. «Ich bin dîn, du bist mîn», zitierte er halblaut. Und daran knüpfte er einen kleinen Vortrag über die Periode der Minnesinger, er sprach mit Pathos von Walther von der Vogelweide, kam auch auf die erste und zweite Lautverschiebung, von da auf die Schönheit unserer Muttersprache und ohne einen rechten Übergang auf die Treue der

had got an agreeable new lodger. Admittedly, Herr Anton Wanzl was most earnest and erudite, yet attentatively polite, especially towards Fräulein Mizzi Schinagl. On Sunday afternoons she would bring the coffee snack for him, to his room, and the young man always thanked her with a friendly word and a warm glance. Indeed, once he even invited her to be seated, but Mizzi declined, muttered something about not wishing to disturb, blushed and, a trifle confused, slipped into her aunt's room. But when Herr Anton once greeted her in the street and fell in beside her, Mizzi gladly accompanied him, nay even made a small detour to reach her home, agreed to a rendezvous with Herr stud. phil. Anton Wanzl for the Sunday and quarrelled next morning with Julius Reiner.

Anton Wanzl turned up, dressed simply but elegantly; his dull, pale hair was today given a more careful parting than ever, yet a faint excitement could be detected in his white, chill, marble-like countenance. He sat in the municipal park beside Mizzi Schinagl and strenuously pondered what he should actually talk about. He had never yet been in so fateful a situation. But Mizzi knew the art of chatting. She related this and that, evening came on, the lilac spread perfume, the blackbird uttered its call, May came jugging from the shrubbery, whereupon Mizzi forgot herself and said, somewhat abruptly: "I say, Anton, I love you." Herr Anton Wanzl was somewhat startled. Mizzi Schinagl more so; she wished to conceal her burning little face somewhere and could think of no better hiding-place than the lapels of Herr Anton Wanzl's coat. This had never happened to Herr Anton Wanzl before; his stiff shirt-front let out an audible crack, but he soon took a hold on himself – after all, this had to happen some time!

When he had regained his poise, a marvellous line occurred to him. "Ich bin dîn, du bist mîn," he quoted in a subdued tone. And he tacked on a short lecture on the Age of the Minstrels, he spoke with pathos about Walther von der Vogelweide, also dealt with the first and second sound-shift, and thence passed on to the beauty of our mother-tongue and, without any real transition, to the fidelity of

deutschen Frauen. Mizzi lauschte angestrengt, sie verstand kein Wort, aber das war eben der Gelehrte, so mußte ein Mann wie Herr Anton Wanzl eben sprechen. Sein Vortrag kam ihr just so schön vor, wie das Pfeifen der Amsel und das Flöten der Nachtigall. Aber vor lauter Liebe und Frühling hielt sie es nicht länger aus und unterbrach Antons wunderschönen Vortrag durch einen recht angenehmen Kuß auf die schmalen blassen Lippen Wanzls, den dieser zu erwidern nicht minder angenehm fand. Bald regnete es Küsse auf ihn nieder, derer sich Herr Wanzl weder erwehren konnte, noch wollte. Sie gingen schließlich stumm nach Hause, Mizzi hatte zu viel auf dem Herzen, Anton wußte trotz angestrengten Nachdenkens kein Wort zu finden. Er war froh, als ihn Mizzi nach einem Dutzend heißer Küsse und Umarmungen entlassen hatte.

Seit jenem denkwürdigen Tage «liebten» sie sich.

Herr Anton Wanzl hatte sich bald gefunden. Er lernte an Wochentagen und liebte an Sonntagen. Seinem Stolze schmeichelte es, daß er von einigen «Bundesbrüdern» mit Mizzi gesehen und mit einem vieldeutigen Lächeln begrüßt worden war. Er war fleißig und ausdauernd, und nicht mehr lange dauerte es, und Herr Anton Wanzl war Doktor.

Als «Probekandidat» kam er ins Gymnasium, von den Eltern brieflich bejubelt und beglückwünscht, von den Professoren «wärmstens» empfohlen, von dem Direktor herzlich begrüßt.

Hofrat Sabbäus Kreitmeyr war Direktor des II. k. k. Staatsgymnasiums, ein Philologe von Ruf, mit vielen sogenannten «Verbindungen», bei den Schülern beliebt, bei Vorgesetzten gut angeschrieben und verkehrte in der besten Gesellschaft. Seine Frau Cäcilie wußte ein «großes Haus» zu führen, veranstaltete Abende und Bälle, die den Zweck hatten, das einzige Töchterchen des Direktors, Lavinia – wie dieser sie etwas unpassend benannt hatte – unter die Haube zu bringen. Hofrat Sabbäus Kreitmeyr war, wie die meisten Gelehrten alten Schlages, ein Pantoffelheld, er fand alles für richtig, was seine würdige Gemahlin anordnete, und glaubte an sie, wie an die alleinseligmachenden Regulen der lateinischen Grammatik. Seine

German womanhood. Mizzi listened intently, she understood not a word; but that was the scholar for you, it was just so that a man like Herr Anton Wanzl had to speak. His lecture seemed to her equal in loveliness to the piping of the blackbird and the fluting of the nightingale. But from sheer excess of love and spring, she could contain herself no longer and interrupted Anton's delicious lecture by planting a most agreeable kiss on Wanzl's thin, pale lips, which the latter found no less agreeable in reciprocating. Soon kisses were raining down on him which Herr Wanzl neither could, nor wished, to ward off. In the end they returned home in silence. Mizzi's heart was too full; Anton, despite strenuous reflection, was at a loss for words. He was glad when Mizzi, after a dozen ardent kisses and embraces, had left him.

Since that memorable day they "loved" one another.

Herr Anton Wanzl had soon rallied. He learnt on weekdays and loved on Sundays. It flattered his pride that he had been seen in Mizzi's company by some of his "club cronies" and been greeted with a smile of deep significance. He was industrious and tenacious, and it was not much longer before Herr Anton Wanzl had got his doctorate.

He entered the grammar school as a "probation teacher", acclaimed and congratulated in writing by his parents, "most warmly" recommended by the professors, heartily welcomed by the Director.

Hofrat Sabbäus Kreitmeyr was Director of the Second Royal and Imperial State Grammar School, a philologist of repute, possessing many so-called "connections", popular with his pupils, enjoying the high regard of his superiors, and he moved in the best society. His wife Cäcilie knew how to run a "large establishment", organized soirées and balls which had as their purpose to marry off the Director's young and only daughter Lavinia, as he had somewhat unsuitably named her. Hofrat Sabbäus Kreitmeyr, like most scholars of the old type, was hen-pecked, he approved of everything his worthy spouse arranged and believed in her as devoutly as in the

Lavinia war ein sehr gehorsames Kind, las keine Romane, beschäftigte sich nur mit der antiken Mythologie und verliebte sich nichtsdestoweniger in ihren jungen Klavierlehrer, den Virtuosen Hans Pauli.

Hans Pauli war eine echte Künstlernatur. Das naive Kindergemüt Lavinias hatte es ihm angetan. Er war in der Liebe noch recht unerfahren, Lavinia war das erste weibliche Wesen, mit dem er stundenlang zusammensaß, bei ihr fand er Bewunderung, die ihm sonst nicht sehr oft zuteil wurde ; und wenn auch die Hofratstochter nicht schön zu nennen war – sie hatte eine etwas zu breite Stirn und wässerige, farblose Augen –, so konnte man sie doch nicht, schon ihrer schönen Statur wegen, gerade unhübsch nennen. Hans Pauli träumte zudem von einer «deutschen» Frau, hielt viel auf Treue und verlangte, wie die meisten Künstler, ein weibliches Weib, bei dem er seine Launen austoben, aber auch Trost und Erholung finden könnte. Nun schien ihm Fräulein Lavinia dazu am besten geeignet, und da noch um sie der Zauber der knospenden Jugend wehte, schlug die Künstlerfantasie Herrn Hans Pauli ein Schnippchen, und der angehende Virtuose von Ruf verliebte sich stracks in Fräulein Lavinia Kreitmeyr.

Wie es um die beiden stand, erkannte Herr Anton Wanzl gleich am ersten Abend, den er im Kreitmeyrschen Hause zubrachte. Lavinia Kreitmeyr gefiel ihm nicht im geringsten. Aber der Instinkt, mit dem Vorzugsschüler des Lebens stets ausgerüstet sind, sagte ihm, daß Lavinia eine gar passende Frau für ihn wäre und Herr Hofrat Sabbäus ein noch passenderer Schwiegervater. Diesen kindischen Künstler Pauli konnte man leicht an die Luft setzen. Man mußte es nur geschickt anstellen. Und etwas geschickt anstellen – das verstand Anton.

Herr Anton Wanzl hatte es nach einer halben Stunde herausgefunden, daß Frau Cäcilie die wichtigste Rolle im Hause spielte. Wollte er die Hand des Frl. Lavinia, so mußte er vor allem das Herz der Mutter gewinnen. Und da er sich auf die Unterhaltung älterer Matronen besser verstand, als auf die junger Mädchen, so verband er

uniquely beatific rules of Latin grammar. His Lavinia was a most obedient child, read no novels, occupied herself exclusively with Ancient Mythology and nonetheless fell in love with her young piano teacher, the virtuoso Hans Pauli.

Hans Pauli was a truly artistic soul. Lavinia's naive, child-like disposition had cast its spell on him. He was still thoroughly unversed in love; Lavinia was the first female being with whom he sat for hours on end, from her he received admiration, which otherwise was not accorded him very often; and even though the Hofrat's daughter could not be termed beautiful – her forehead was somewhat too broad and she had watery, colourless eyes – nevertheless she could not exactly be called ugly, if only because of her handsome figure. Moreover Hans Pauli dreamed of a "German" wife, rated fidelity high, and craved, like most artists, a womanly woman with whom he could give full vent to his whims, but also find comfort and relaxation. Now Fräulein Lavinia seemed to him exactly suited for this purpose, and since the magic of burgeoning youth still hovered around her, his artist's phantasy played a trick on Hans Pauli, and the budding virtuoso of repute at once fell for Fräulein Lavinia Kreitmeyr.

How it stood between them was immediately grasped by Herr Anton Wanzl, already on the first evening he spent in the Kreitmeyr household. Lavinia Kreitmeyr he thought not the least attractive. But the instinct with which life's prize pupils are always equipped told him that Lavinia would make a very suitable wife for him, and Herr Hofrat Sabbäus a yet more suitable father-in-law. This childish artist, Pauli, could easily be given his marching orders. One only need set about it the right way. And how to set about things the right way – Anton knew the knack.

After half an hour Herr Anton Wanzl had found out that Frau Cäcilie played the dominant role in the house. If he wanted Fräulein Lavinia's hand, he must above all win her mother's heart.

And since he knew better how to entertain elderly matrons than young

nach der alten lateinischen Regel das dulce mit dem utile und machte den Kavalier der Frau Direktor. Er sagte ihr manche zarte Schmeichelei, die ein Pauli in seiner reinen Torheit Fräulein Lavinia gesagt hätte. Und bald hatte Frau Cäcilie Kreitmeyr den Herrn Anton Wanzl ins Herz geschlossen.

Seinem Rivalen, Hans Pauli, gegenüber benahm sich Anton mit kühler ironisierender Höflichkeit. Dem Musiker verriet sein künstlerisches Feingefühl, mit wem er es zu tun habe. Er, der Tor, das Kind, durchschaute Herrn Anton Wanzl tiefer, als alle Professoren und weisen Männer. Aber Hans Pauli war kein Diplomat. Er äußerte Anton Wanzl gegenüber stets unverhohlen seine Meinung, Anton blieb kühl und sachlich, Pauli erhitzte sich, Anton rückte bald mit seiner schweren Rüstung der Gelehrsamkeit ins Feld, gegen solche Waffen konnte Hans Pauli nichts ausrichten, denn er war wie so viele Musiker ohne größeres Wissen, seine schwerfällige Verträumtheit erdrückte in ihm dasjenige, was man in der Gesellschaft «Geist» nennt, und er mußte sich beschämt zurückziehen.

Fräulein Lavinia Kreitmeyr schwärmte zwar für Bach und Beethoven und Mozart, aber als rechte Tochter eines Philologen von Ruf hatte sie eine gleich große Verehrung für die Wissenschaft. Hans Pauli war ihr wie ein Orpheus erschienen, dem Flora und Fauna lauschen mußten. Nun aber war ein Prometheus gekommen, der das heilige Feuer vom Olymp geradewegs in die Wohnung des Herrn Hofrat Kreitmeyr brachte. Hans Pauli aber hatte sich mehrere Male blamiert, er zählte in der Gesellschaft kaum mit. Auch war Anton Wanzl ein Mann, den auch der Hofrat sehr hoch stellte, den Mama so sehr lobte. Lavinia war eine gehorsame Tochter. Und als Herr Kreitmeyr ihr eines Tages riet, Herrn Dr. Wanzl die Hand zum Bunde fürs Leben zu reichen, sagte sie: «Ja.» Ein gleiches «Ja» bekam auch der hocherfreute Anton zu hören, als er bei Fräulein Lavinia bescheiden anfragte. Die Verlobung wurde für einen bestimmten Tag, den Geburtstag der Lavinia, angesetzt. Hans Pauli aber verstand jetzt die Tragik seines Künstlerlebens. Er war verzweifelt, daß man ihm einen Anton Wanzl vorgezogen, er haßte die

women, following the old Latin rule he combined the *dulce* with the *utile* and paid court to the Frau Director. He uttered many a delicate flattery to her which a Pauli, in his pure folly, would have uttered to Fräulein Lavinia. And soon Frau Cäcilie Kreitmeyr had locked Herr Anton Wanzl in her heart.

Towards his rival, Hans Pauli, Anton behaved with a frigid courtesy that betrayed irony. His artistic sensitivity revealed to the musician what sort of fellow he was up against. He, the fool, the child, saw through Herr Anton Wanzl in greater depth than all professors and sages could. But Hans Pauli was no diplomat. He always expressed his opinion without reserve in dealing with Anton Wanzl; Anton remained cool and objective, Pauli grew incensed; Anton soon brought his heavy armament of erudition to bear in the contest; against such weapons Hans Pauli could achieve nothing, for like so many artists he lacked extensive knowledge, his clumsy abstraction suppressed in him what in society is termed "wit", and he had to withdraw in shame.

Certainly Fräulein Lavinia Kreitmeyr enthused over Bach and Beethoven and Mozart, but as the true daughter of a philologist of repute she felt a reverence, equally intense, for scholarship. Hans Pauli had appeared before her like an Orpheus, to whom Flora and Fauna were compelled to listen. But now a Prometheus had come, who brought the sacred fire from Olympus right into the home of Herr Hofrat Kreitmeyr. Hans Pauli however had several times made himself ridiculous, he hardly counted in society. Again, Anton Wanzl was a man whom the Hofrat, too, rated very highly, whom Mama praised so warmly. Lavinia was an obedient daughter. And when Herr Kreitmeyr one day advised her to offer Herr Dr Wanzl her hand in life-long union, she said: "Yes." A similar "yes" was the reply the much delighted Anton received when he modestly put the question to Fräulein Lavinia. The engagement was fixed for an appointed day, Lavinia's birthday. Hans Pauli however now grasped the tragedy of his artist's life. He was in despair because an Anton Wanzl had been preferred to himself, he hated humankind, the

Menschen, die Welt, Gott. Dann setzte er sich auf einen Dampfer, reiste nach Amerika, spielte in Kinos und Varietés, wurde ein verlottertes Genie und starb schließlich vor Hunger auf der Straße.

An einem wunderschönen Juniabend wurde im Hofrätlichen Hause die Verlobung gefeiert. Frau Cäcilie rauschte in grauseidenem Kleide, Herr Hofrat Kreitmeyr fühlte sich unbehaglich in seinem schlechtsitzenden Frack und zupfte abwechselnd bald an seiner windschiefen Krawatte, bald an den blitzblanken Manschettenröllchen. Herr Anton strahlte vor Freude an der Seite seiner hellgekleideten, etwas ernsten Braut, Toaste wurden gehalten und erwidert, Becher erklangen, Hochrufe dröhnten bis hinaus durch die offenen Fenster in das Tuten der Autos.

Draußen rauschten die Wellen der Donau ihr uraltes Lied von Werden und Vergehen. Sie trugen die Sterne mit und die weißen Wölklein, den blauen Himmel und den Mond. In heißduftenden Jasminbüschen lag die Nacht und hielt den Wind in ihren weichen Armen, daß nicht der leiseste Hauch durch die schwüle Welt ging.

Mizzi Schinagl stand am Ufer. Sie fürchtete sich nicht vor dem tiefdunklen Wasser unten. Drin mußte es wohlig und weich sein, man stieß sich nicht an Kanten und Ecken, wie auf der dummen Erde droben, und nur Fische gab es drin, stumme Wesen, die nicht lügen konnten, so entsetzlich lügen, wie die bösen Menschen. Stumme Fische! Stumme! Auch ihr Kindchen war stumm, tot geboren. «Es ist am besten so» – hatte Tante Marianne gesagt. Ja, ja, es war wirklich am besten. Und das Leben war doch so schön! Heute, vor einem Jahr. Ja, wenn das Kindchen lebte, so mußte auch sie leben, die Mutter. Aber so! Das Kind war tot, und das Leben tot – –

Durch die nächtliche Stille klang plötzlich ein Lied aus tiefen Männerkehlen. Burschengesänge, alte Lieder – – Studenten waren es. Ob wohl alle Studenten so waren? Nein! Der Wanzl! Der war doch nicht einmal ein richtiger Student! Oh, sie kannte ihn gut! Ein Feigling war er, ein Heuchler, ein Scheinheiliger! Oh, wie sie ihn haßte!

world, God. Then he got himself aboard a steamship, voyaged to America, played in cinemas and music halls, became a genius gone to the bad and finally died of starvation in the street.

On a perfectly lovely June evening, the engagement was celebrated in the Hofrat's house. Frau Cäcilie rustled along in a grey silk dress, Herr Hofrat Kreitmeyr felt ill at ease in his badly fitting tail-coat and plucked in turn now at his wind-blown cravat, now at the small, spotless white cylinders of his cuffs. Herr Anton stood radiant with joy at the side of his fiancée, who was wearing a light-coloured dress and looked rather grave; toasts were given and responded to, goblets tinkled, acclamations thundered right outside, through the open windows, to mingle with the blare of car-horns.

Outside the waves of the Danube plashed their age-old plaint of growth and decay. They bore the stars along and the little white clouds, the blue sky and the moon. In jasmine bushes exuding hot perfume Night lay and held the Wind in her soft arms, so that not the slightest breath swept through the sultry world.

Mizzi Schinagl stood by the bank. She was not afraid of the murky water below. It must feel nice and soft in there, one wouldn't knock against edges and corners, as on the stupid earth above, and there were only fish in there, dumb creatures who couldn't lie, lie so dreadfully, like evil human beings. Dumb fish! Dumb! Her little baby, too, was dumb, still-born. "It's best so" – Aunt Marianne had said. Yes, yes, it really was for the best. And yet life was so beautiful! A year ago today. Yes, if the baby were alive, she too would have to live, its mother. But like this! The child was dead, and life was dead...

Through the silence of the night a song suddenly came echoing from deep male throats. Students' songs, ancient ditties... students, for sure. Were all students like that? No! That Wanzl! He wasn't even a real student! Oh, she knew him alright! He was a coward, a hypocrite, a plaster saint! Oh, how she hated him!

Die Lieder klangen immer näher. Deutliche Schritte waren vernehmbar.

Antons «Bundesbrüder» kehrten von einem Sommerfest zurück. Herr stud. jur. Xandl Hummer, hoch in den Dreißigern, im 18. Semester, «Bierfaß» genannt, betrank sich nicht leicht und holte jetzt rüstig aus. Seine kleinen Äuglein erspähten dort ferne am Ufer eine Frauengestalt.

«Hollah, Brüder, es gilt ein Leben zu retten!» sagte er.

«Fräulein», rief er, «warten Sie einen Augenblick! Ich komm' schon!»

Mizzi Schinagl sah trübe in das aufgedunsene, rote Gesicht Xandls. Ein jäher Gedanke durchzuckte ihr Hirn. Wie, wenn – – Ja, ja, sie wollte sich rächen! Rächen an der Welt, an der Gesellschaft!

Mizzi Schinagl lachte. Ein gelles, schneidendes Lachen. So lacht eine – dachte sie. Nur noch einen Blick warf sie ins Wasser. Und starrte dann eine Weile in die Luft.

Sie hörte nicht die rohen Späße des Studenten. Er aber nahm ihren Arm. Im Triumph wurde sie auf die «Bude» Xandls geführt.

Am nächsten Morgen brachte sie «Bierfaß» in die «Pension» zu «Tante» Waclawa Jancîc am Spittel. –

Herr Anton Wanzl war mit seiner jungen Frau von der Ferien- und Hochzeitsreise zurückgekehrt. Er war ein gewissenhafter, strenger, gerechter Lehrer. Er wuchs in den Augen der Vorgesetzten, spielte eine Rolle in der besseren Gesellschaft und arbeitete an einem wissenschaftlichen Werk. Sein Gehalt stieg und stieg, er wuchs von einer Rangklasse in die andere. Seine Eltern hatten ihm den Gefallen erwiesen und waren kurz nach seiner Hochzeit beide fast in derselben Zeit gestorben. Herr Anton Wanzl aber ließ sich jetzt zu der größten Verwunderung aller in seine Heimatstadt versetzen.

Das kleine Gymnasium verwaltete dort ein alter Direktor, ein lässiger Mann, alleinstehend, ohne Weib und Kind, der nur in der Vergangenheit lebte und sich um seine Pflichten nicht kümmerte. Nichtsdestoweniger war ihm sein Amt lieb geworden, er mußte

The songs echoed ever closer. Steps were plainly to be heard.

Anton's "club cronies" were returning from a summer spree. Herr stud. jur. Xandl Hummer, well into his thirties, in his eighteenth *semester*, called "Beer Barrel", did not easily get tipsy and he lunged ahead with vigour. His tiny little eyes espied the figure of a woman, there far away by the river-bank.

"Hi there, brothers, there's a life to be saved!" he said.

"Fräulein," he shouted,

"wait a jiffy! I'm just coming!"

Mizzi Schinagl gazed sadly into Xandl's bloated red face. A sudden thought darted through her brain. How if . . . Yes, yes, she wanted to revenge herself. Take revenge on the world, on society!

Mizzi Schinagl laughed. A shrill, piercing laugh. That's how a hussy laughs, she thought. She cast only one more glance into the water. And then stared into space for a while.

She didn't hear the student's crude jests. He however took her arm in his. She was led in triumph to Xandl's "den".

Next morning "Beer Barrel" brought her to "board" with "Aunty" Waclawa Janciĉ, by the infirmary.

Herr Anton Wanzl had returned with his young wife from his holiday and honeymoon trip. He was a conscientious, strict, just teacher. His stature increased in the sight of his superiors, he cut a dash in society of the better sort and laboured at a scholarly work. His salary rose and rose, he advanced from one grade to another. His parents had done him a good turn and, shortly after his wedding, had both died almost simultaneously. But to everyone's utter amazement Herr Anton Wanzl now got himself transferred to his home-town.

The small grammar school there was run by an aged director, an indolent man living on his own, without wife and child, who only lived in the past and paid no heed to his duties. Nonetheless his office had grown dear to him, he had to see laughing, youthful faces round

lachende junge Gesichter um sich sehen, seine Bäume im großen Park pflegen, von den Bürgern des Städtchens ehrfürchtig gegrüßt werden. Man hatte drüben im Landesschulrat Mitleid mit dem alten Manne und wartete nur noch auf seinen Tod.

Anton Wanzl kam und nahm die Verwaltung der Schule in die Hand. Als Rangältester wurde er Sekretär, er schrieb Berichte an den Schulrat, bekam die Kasse in Verwaltung, beaufsichtigte den Unterricht und die Reparaturen, schaffte Ordnung. Er kam auch hie und da nach Wien und hatte Gelegenheit an den Abenden, die seine Schwiegermutter seltener zwar, aber doch immer noch veranstaltete, hie und da einem Herrn von der Statthalterei auch mündlichen Bericht zu erstatten. Dabei verstand er es vortrefflich, seine eigene Tätigkeit ins hellste Licht zu rücken, von seinem Direktor mit einem bedauernden Unterton in der Stimme zu sprechen und seine Worte mit einem vielsagenden Achselzucken zu begleiten. Frau Cäcilie Kreitmeyr aber besorgte das übrige.

Eines Tages spazierte der alte Herr Direktor mit seinem Sekretär Dr. Wanzl in den schönen Gartenanlagen des Gymnasiums. Der alte Herr freute sich beim Anblick der Bäume, hie und da huschte ein frisches Jungengesicht vorbei und verschwand wieder. Des Herrn Direktors altes Greisenherz freute sich.

Gerade bog der Schuldiener in die Allee ein, grüßte und überreichte einen mächtigen Brief. Der Herr Direktor schnitt das große weiße Kuvert bedächtig auf, zog das Blatt mit dem großen Amtssiegel hervor und begann zu lesen. Ein Ausdruck des Schreckens belebte plötzlich seine alten schlaffen Züge. Er machte eine Bewegung, als wollte er nach seinem Herz greifen, schwankte und fiel. Nach einigen Sekunden war er in den Armen seines Sekretärs gestorben.

Dem Herrn Direktor Dr. Anton Wanzl ging es gut. Sein Ehrgeiz ruhte seit Jahren. Manchmal dachte er wohl an eine Universitätsprofessur, die er hätte erreichen können, aber bald hatte er sich die Sache überlegt. Er war mit sich sehr zufrieden. Und noch mehr mit den Menschen. Manchmal im tiefsten Winkel seines Herzens lachte

about him, tend his trees in the great park, be greeted with respect by the inhabitants of the little town. Over in the Regional Education Council they felt pity for the old man and were now simply waiting for his death.

Anton Wanzl arrived and took the management of the school in his grip. As the most senior in grade he became Secretary, wrote reports to the Education Council, was entrusted with the management of funds, supervised tuition and repairs, put things straight. Now and again he also came to Vienna and had an opportunity, at the evening parties which his mother-in-law, now more seldom it is true, but nevertheless still gave, now and again to report verbally as well to a gentleman from the Government Bureau. So engaged, he understood perfectly how to place his own activity in the most radiant light, to speak of his Director with a regretful undertone in his voice and to accompany his words with a significant shrug of the shoulders. Frau Cäcilie Kreitmeyr however saw to the rest.

One day the old Herr Director was taking a stroll with his Secretary, Dr Wanzl, in the lovely garden grounds of the grammar school. The old fellow felt happy when he looked at the trees, here and there a brisk young face flashed past and vanished again. The Herr Director's aged, senile heart rejoiced.

Just then the school beadle turned into the avenue, greeted them and handed over a huge letter. The Herr Director cut open the large white envelope circumspectly, drew out the sheet with the big official seal and began to read. An expression of dismay suddenly made his aged, drooping features come to life. He made a movement as though he wished to pluck at his heart, swayed and fell. A few seconds later he had expired in his Secretary's arms.

Things went well for Herr Director Dr Anton Wanzl. His ambition had been suspended for years. Sometimes he certainly thought about a university chair, which he could have attained, but he had soon dismissed the notion. He was deeply satisfied with himself. And even more with mankind. Sometimes in the nethermost recess

er über die Leichtgläubigkeit der Welt. Aber seine blassen Lippen blieben geschlossen. Selbst wenn er allein war, in seinen vier Wänden lachte er nicht. Er fürchtete, die Wände hätten nicht nur Ohren, sondern auch Augen und könnten ihn verraten.

Kinder hatte er keine, sehnte sich auch nicht nach ihnen. Zu Hause war er der Herr, seine Gemahlin blickte bewundernd zu ihm empor, seine Schüler verehrten ihn. Nur nach Wien kam er seit einigen Jahren nicht mehr. Dort war ihm einmal was höchst Fatales passiert. Als er einmal in der Nacht mit seiner Frau aus der Oper heimkehrte, begegnete ihm an der Ecke ein aufgeputztes Frauenzimmer, warf einen Blick auf Frau Lavinia an seiner Seite und lachte schrill auf. Lange klang dieses wilde Lachen Herrn Anton Wanzl in den Ohren.

Direktor Wanzl lebte noch lange glücklich an der Seite seiner Frau. Aber seine stark überspannten Kräfte ließen mählich nach. Der überangestrengte Organismus rächte sich. Die lange durch die Macht des straffen Willens zurückgehaltene Schwäche brach auf einmal durch. Eine schwere Lungenentzündung warf Anton Wanzl aufs Krankenlager, das ihn nicht mehr loslassen sollte. Nach einigen Wochen schweren Leidens starb Anton Wanzl.

Alle Schüler waren gekommen, alle Bürger des Städtchens, Kränze mit langen schwarzen Schleifen überdeckten den Sarg, Reden wurden gehalten, Abschiedsworte nachgerufen.

Herr Anton Wanzl aber lag tief drinnen im schwarzen Metallsarg und lachte. Anton Wanzl lachte zum ersten Male. Er lachte über die Leichtgläubigkeit der Menschen, über die Dummheit der Welt. Hier durfte er lachen. Die Wände seines schwarzen Kastens konnten ihn nicht verraten. Und Anton Wanzl lachte. Lachte stark und herzlich.

Seine Schüler ließen es sich nicht nehmen, ihrem verehrten und geliebten Direktor einen marmornen Grabstein zu setzen. Auf diesem standen unter dem Namen des Verstorbenen die Verse:

«Üb' immer Treu und Redlichkeit
Bis an dein kühles Grab!»

of his soul he laughed at the world's credulity. But his pale lips remained shut. Even when he was alone, within his four walls, he refrained from laughing. He feared the walls might have not only ears, but also eyes and might betray him.

He had no children, nor did he yearn for them. At home he was the master, his spouse gazed up at him in admiration, his pupils revered him. For some years past however he no longer came to Vienna. There something utterly dreadful had once befallen him. Once at nighttime, as he was returning home from the opera with his wife, a dolled-up hussy encountered him at the corner, threw a glance at Frau Lavinia by his side and burst into piercing laughter. That wild laughter rang long in Herr Anton Wanzl's ears.

Director Wanzl continued to live long and happily at his wife's side. But his energies, greatly overtaxed, went into a decline. His physique, put under excessive strain, took its revenge. His weakness, long restrained by the power of a rigid will, suddenly burst through. A grave inflammation of the lungs cast Anton Wanzl on a sick-bed that was not to let him go again. After a few weeks of severe suffering Anton Wanzl died.

All pupils had come, all inmates of the little town, wreaths with long black bows covered the coffin, speeches were delivered, words of farewell intoned in his honour.

But Herr Anton Wanzl lay deep inside, in the black metal coffin, and laughed. Anton Wanzl was laughing for the first time. He was laughing at people's credulity, at the folly of the world. Here he might laugh. The walls of his black box could not betray him. And Anton Wanzl did laugh. He laughed loud and heartily.

His pupils absolutely insisted on placing a marble gravestone in memory of their revered and beloved Director. On this, below the name of the deceased, stood the lines:

> "Ever true and upright be,
> Till the cool grave harbours thee!"

Franz Kafka
Ein Hungerkünstler

In den letzten Jahrzehnten ist das Interesse an Hungerkünstlern sehr zurückgegangen. Während es sich früher gut lohnte, große derartige Vorführungen in eigener Regie zu veranstalten, ist dies heute völlig unmöglich. Es waren andere Zeiten. Damals beschäftigte sich die ganze Stadt mit dem Hungerkünstler; von Hungertag zu Hungertag stieg die Teilnahme; jeder wollte den Hungerkünstler zumindest einmal täglich sehn; an den spätern Tagen gab es Abonnenten, welche tagelang vor dem kleinen Gitterkäfig saßen; auch in der Nacht fanden Besichtigungen statt, zur Erhöhung der Wirkung bei Fackelschein; an schönen Tagen wurde der Käfig ins Freie getragen, und nun waren es besonders die Kinder, denen der Hungerkünstler gezeigt wurde; während er für die Erwachsenen oft nur ein Spaß war, an dem sie der Mode halber teilnahmen, sahen die Kinder staunend, mit offenem Mund, der Sicherheit halber einander bei der Hand haltend, zu, wie er bleich, im schwarzen Trikot, mit mächtig vortretenden Rippen, sogar einen Sessel verschmähend, auf hingestreutem Stroh saß, einmal höflich nickend, angestrengt lächelnd Fragen beantwortete, auch durch das Gitter den Arm streckte, um seine Magerkeit befühlen zu lassen, dann aber wieder ganz in sich selbst versank, um niemanden sich kümmerte, nicht einmal um den für ihn so wichtigen Schlag der Uhr, die das einzige Möbelstück des Käfigs war, sondern nur vor sich hinsah mit fast geschlossenen Augen und hie und da aus einem winzigen Gläschen Wasser nippte, um sich die Lippen zu feuchten.

Außer den wechselnden Zuschauern waren auch ständige, vom Publikum gewählte Wächter da, merkwürdigerweise gewöhnlich Fleischhauer, welche, immer drei gleichzeitig, die Aufgabe hatten, Tag und Nacht den Hungerkünstler zu beobachten, damit er nicht etwa auf irgendeine heimliche Weise doch Nahrung zu sich nehme. Es war das aber lediglich eine Formalität, eingeführt zur Beruhigung

Franz Kafka
A Hunger Artist

During these last decades the interest in professional fasting has
markedly diminished. It used to pay very well to stage such great
performances under one's own management, but today that is quite
impossible. We live in a different world now. At one time the whole
town took a lively interest in the hunger artist; from day to day of
his fast the excitement mounted; everybody wanted to see him at
least once a day; there were people who bought season tickets for the
last few days and sat from morning till night in front of his small
barred cage; even in the nighttime there were visiting hours, when
the whole effect was heightened by torch flares; on fine days the
cage was set out in the open air, and then it was the children's special
treat to see the hunger artist; for their elders he was often just a joke
that happened to be in fashion, but the children stood openmouthed,
holding each other's hands for greater security, marveling at him as
he sat there pallid in black tights, with his ribs sticking out so
prominently, not even on a seat but down among straw on the
ground, sometimes giving a courteous nod, answering questions
with a constrained smile, or perhaps stretching an arm through the
bars so that one might feel how thin it was, and then again
withdrawing deep into himself, paying no attention to anyone or
anything, not even to the all-important striking of the clock that was
the only piece of furniture in his cage, but merely staring into
vacancy with halfshut eyes, now and then taking a sip from a tiny
glass of water to moisten his lips.
  Besides casual onlookers there were also relays of permanent
watchers selected by the public, usually butchers, strangely enough,
and it was their task
                    to watch the hunger artist day and night, three
of them at a time, in case he should have some secret recourse to
nourishment. This was nothing but a formality, instituted to

der Massen, denn die Eingeweihten wußten wohl, daß der Hungerkünstler während der Hungerzeit niemals, unter keinen Umständen, selbst unter Zwang nicht, auch das Geringste nur gegessen hätte; die Ehre seiner Kunst verbot dies. Freilich, nicht jeder Wächter konnte das begreifen, es fanden sich manchmal nächtliche Wachgruppen, welche die Bewachung sehr lax durchführten, absichtlich in eine ferne Ecke sich zusammensetzten und dort sich ins Kartenspiel vertieften, in der offenbaren Absicht, dem Hungerkünstler eine kleine Erfrischung zu gönnen, die er ihrer Meinung nach aus irgendwelchen geheimen Vorräten hervorholen konnte. Nichts war dem Hungerkünstler quälender als solche Wächter; sie machten ihn trübselig; sie machten ihm das Hungern entsetzlich schwer; manchmal überwand er seine Schwäche und sang während dieser Wachzeit, solange er es nur aushielt, um den Leuten zu zeigen, wie ungerecht sie ihn verdächtigten. Doch half das wenig; sie wunderten sich dann nur über seine Geschicklichkeit, selbst während des Singens zu essen. Viel lieber waren ihm die Wächter, welche sich eng zum Gitter setzten, mit der trüben Nachtbeleuchtung des Saales sich nicht begnügten, sondern ihn mit den elektrischen Taschenlampen bestrahlten, die ihnen der Impresario zur Verfügung stellte. Das grelle Licht störte ihn gar nicht, schlafen konnte er ja überhaupt nicht, und ein wenig hindämmern konnte er immer, bei jeder Beleuchtung und zu jeder Stunde, auch im übervollen, lärmenden Saal. Er war sehr gerne bereit, mit solchen Wächtern die Nacht gänzlich ohne Schlaf zu verbringen; er war bereit, mit ihnen zu scherzen, ihnen Geschichten aus seinem Wanderleben zu erzählen, dann wieder ihre Erzählungen anzuhören, alles nur um sie wachzuhalten, um ihnen immer wieder zeigen zu können, daß er nichts Eßbares im Käfig hatte und daß er hungerte, wie keiner von ihnen es konnte. Am glücklichsten aber war er, wenn dann der Morgen kam, und ihnen auf seine Rechnung ein überreiches Frühstück gebracht wurde, auf das sie sich warfen mit dem Appetit gesunder Männer nach einer mühevoll durchwachten Nacht. Es gab zwar sogar Leute, die in diesem Frühstück eine ungebührliche Beein-

reassure the masses, for the initiates knew well enough that during his fast the artist would never in any circumstances, not even under forcible compulsion, swallow the smallest morsel of food; the honor of his profession forbade it. Not every watcher, of course, was capable of understanding this, there were often groups of night watchers who were very lax in carrying out their duties and deliberately huddled together in a retired corner to play cards with great absorption, obviously intending to give the hunger artist the chance of a little refreshment, which they supposed he could draw from some private hoard. Nothing annoyed the artist more than such watchers; they made him miserable; they made his fast seem unendurable; sometimes he mastered his feebleness sufficiently to sing during their watch for as long as he could keep going, to show them how unjust their suspicions were. But that was of little use; they only wondered at his cleverness in being able to fill his mouth even while singing.

Much more to his taste were the watchers who sat close up to the bars, who were not content with the dim night lighting of the hall but focused him in the full glare of the electric pocket torch given them by the impresario. The harsh light did not trouble him at all. In any case he could never sleep properly, and he could always drowse a little, whatever the light, at any hour, even when the hall was thronged with noisy onlookers. He was quite happy at the prospect of spending a sleepless night with such watchers; he was ready to exchange jokes with them, to tell them stories out of his nomadic life, anything at all to keep them awake and demonstrate to them again that he had no eatables in his cage and that he was fasting as not one of them could fast.

But his happiest moment was when the morning came and an enormous breakfast was brought them, at his expense, on which they flung themselves with the keen appetite of healthy men after a weary night of wakefulness. Of course there were people who argued that this breakfast was an unfair attempt to bribe the watchers, but that was

flussung der Wächter sehen wollten, aber das ging doch zu weit, und wenn man sie fragte, ob etwa sie nur um der Sache willen ohne Frühstück die Nachtwache übernehmen wollten, verzogen sie sich, aber bei ihren Verdächtigungen blieben sie dennoch.

Dieses allerdings gehörte schon zu den vom Hungern überhaupt nicht zu trennenden Verdächtigungen. Niemand war ja imstande, alle die Tage und Nächte beim Hungerkünstler ununterbrochen als Wächter zu verbringen, niemand also konnte aus eigener Anschauung wissen, ob wirklich ununterbrochen, fehlerlos gehungert worden war; nur der Hungerkünstler selbst konnte das wissen, nur er also gleichzeitig der von seinem Hungern vollkommen befriedigte Zuschauer sein. Er aber war wieder aus einem andern Grunde niemals befriedigt; vielleicht war er gar nicht vom Hungern so sehr abgemagert, daß manche zu ihrem Bedauern den Vorführungen fernbleiben mußten, weil sie seinen Anblick nicht ertrugen, sondern er war nur so abgemagert aus Unzufriedenheit mit sich selbst. Er allein nämlich wußte, auch kein Eingeweihter sonst wußte das, wie leicht das Hungern war. Es war die leichteste Sache von der Welt. Er verschwieg es auch nicht, aber man glaubte ihm nicht, hielt ihn günstigstenfalls für bescheiden, meist aber für reklamesüchtig oder gar für einen Schwindler, dem das Hungern allerdings leicht war, weil er es sich leicht zu machen verstand, und der auch noch die Stirn hatte, es halb zu gestehn. Das alles mußte er hinnehmen, hatte sich auch im Laufe der Jahre daran gewöhnt, aber innerlich nagte diese Unbefriedigtheit immer an ihm, und noch niemals, nach keiner Hungerperiode – dieses Zeugnis mußte man ihm ausstellen – hatte er freiwillig den Käfig verlassen. Als Höchstzeit für das Hungern hatte der Impresario vierzig Tage festgesetzt, darüber hinaus ließ er niemals hungern, auch in den Weltstädten nicht, und zwar aus gutem Grund. Vierzig Tage etwa konnte man erfahrungsgemäß durch allmählich sich steigernde Reklame das Interesse einer Stadt immer mehr aufstacheln, dann aber versagte das Publikum, eine wesentliche Abnahme des Zuspruchs war festzustellen; es bestanden natürlich in dieser Hinsicht kleine Unterschiede zwischen den

going rather too far, and when they were invited to take on a night's vigil without a breakfast, merely for the sake of the cause, they made themselves scarce, although they stuck stubbornly to their suspicions.

Such suspicions, anyhow, were a necessary accompaniment to the profession of fasting. No one could possibly watch the hunger artist continuously, day and night, and so no one could produce first-hand evidence that the fast had really been rigorous and continuous ; only the artist himself could know that ; he was therefore bound to be the sole completely satisfied spectator of his own fast. Yet for other reasons he was never satisfied ; it was not perhaps mere fasting that had brought him to such skeleton thinness that many people had regretfully to keep away from his exhibitions, because the sight of him was too much for them, perhaps it was dissatisfaction with himself that had worn him down.

For he alone knew, what no other initiate knew, how easy it was to fast. It was the easiest thing in the world. He made no secret of this, yet people did not believe him ; at the best they set him down as modest. Most of them, however, thought he was out for publicity or else was some kind of cheat who found it easy to fast because he had discovered a way of making it easy, and then had the impudence to admit the fact, more or less. He had to put up with all that, and in the course of time had got used to it, but his inner dissatisfaction always rankled, and never yet, after any term of fasting – this must be granted to his credit – had he left the cage of his own free will.

The longest period of fasting was fixed by his impresario at forty days, beyond that term he was not allowed to go, not even in great cities, and there was good reason for it, too. Experience had proved that for about forty days the interest of the public could be stimulated by a steadily increasing pressure of advertisement, but after that the town began to lose interest, sympathetic support began notably to fall off ; there were of course local variations as between one town and another or one country and

Städten und Ländern, als Regel aber galt, daß vierzig Tage die Höchstzeit war. Dann also am vierzigsten Tage wurde die Tür des mit Blumen umkränzten Käfigs geöffnet, eine begeisterte Zuschauerschaft erfüllte das Amphitheater, eine Militärkapelle spielte, zwei Ärzte betraten den Käfig, um die nötigen Messungen am Hungerkünstler vorzunehmen, durch ein Megaphon wurden die Resultate dem Saale verkündet, und schließlich kamen zwei junge Damen, glücklich darüber, daß gerade sie ausgelost worden waren, und wollten den Hungerkünstler aus dem Käfig ein paar Stufen hinabführen, wo auf einem kleinen Tischchen eine sorgfältig ausgewählte Krankenmahlzeit serviert war. Und in diesem Augenblick wehrte sich der Hungerkünstler immer. Zwar legte er noch freiwillig seine Knochenarme in die hilfsbereit ausgestreckten Hände der zu ihm hinabgebeugten Damen, aber aufstehen wollte er nicht. Warum gerade jetzt nach vierzig Tagen aufhören? Er hätte es noch lange, unbeschränkt lange ausgehalten; warum gerade jetzt aufhören, wo er im besten, ja noch nicht einmal im besten Hungern war? Warum wollte man ihn des Ruhmes berauben, weiter zu hungern, nicht nur der größte Hungerkünstler aller Zeiten zu werden, der er ja wahrscheinlich schon war, aber auch noch sich selbst zu übertreffen bis ins Unbegreifliche, denn für seine Fähigkeit zu hungern fühlte er keine Grenzen. Warum hatte diese Menge, die ihn so sehr zu bewundern vorgab, so wenig Geduld mit ihm; wenn er es aushielt, noch weiter zu hungern, warum wollte sie es nicht aushalten? Auch war er müde, saß gut im Stroh und sollte sich nun hoch und lang aufrichten und zu dem Essen gehn, das ihm schon allein in der Vorstellung Übelkeiten verursachte, deren Äußerung er nur mit Rücksicht auf die Damen mühselig unterdrückte. Und er blickte empor in die Augen der scheinbar so freundlichen, in Wirklichkeit so grausamen Damen und schüttelte den auf dem schwachen Halse überschweren Kopf. Aber dann geschah, was immer geschah. Der Impresario kam, hob stumm – die Musik machte das Reden unmöglich – die Arme über dem Hungerkünstler, so, als lade er den Himmel ein, sich sein Werk hier auf dem Stroh

another, but as a general rule forty days marked the limit. So on the fortieth day the flower-bedecked cage was opened, enthusiastic spectators filled the hall, a military band played, two doctors entered the cage to measure the results of the fast, which were announced through a megaphone, and finally two young ladies appeared, blissful at having been selected for the honor, to help the hunger artist down the few steps leading to a small table on which was spread a carefully chosen invalid repast.

And at this very moment the artist always turned stubborn. True, he would entrust his bony arms to the outstretched helping hands of the ladies bending over him, but stand up he would not.

Why stop fasting at this particular moment, after forty days of it? He had held out for a long time, an illimitably long time; why stop now, when he was in his best fasting form, or rather, not yet quite in his best fasting form? Why should he be cheated of the fame he would get for fasting longer, for being not only the record hunger artist of all time, which presumably he was already, but for beating his own record by a performance beyond human imagination, since he felt that there were no limits to his capacity for fasting?

His public pretended to admire him so much, why should it have so little patience with him; if he could endure fasting longer, why shouldn't the public endure it? Besides, he was tired, he was comfortable sitting in the straw, and now he was supposed to lift himself to his full height and go down to a meal the very thought of which gave him a nausea that only the presence of the ladies kept him from betraying, and even that with an effort. And he looked up into the eyes of the ladies who were apparently so friendly and in reality so cruel, and shook his head, which felt too heavy on its strengthless neck. But then there happened yet again what always happened. The impresario came forward, without a word – for the band made speech impossible – lifted his arms in the air above the artist, as if inviting Heaven to look down upon its creature here in

einmal anzusehn, diesen bedauernswerten Märtyrer, welcher der Hungerkünstler allerdings war, nur in ganz anderem Sinn; faßte den Hungerkünstler um die dünne Taille, wobei er durch übertriebene Vorsicht glaubhaft machen wollte, mit einem wie gebrechlichen Ding er es hier zu tun habe; und übergab ihn – nicht ohne ihn im geheimen ein wenig zu schütteln, so daß der Hungerkünstler mit den Beinen und dem Oberkörper unbeherrscht hin und her schwankte – den inzwischen totenbleich gewordenen Damen. Nun duldete der Hungerkünstler alles; der Kopf lag auf der Brust, es war, als sei er hingerollt und halte sich dort unerklärlich; der Leib war ausgehöhlt; die Beine drückten sich im Selbsterhaltungstrieb fest in den Knien aneinander, scharrten aber doch den Boden, so, als sei es nicht der wirkliche, den wirklichen suchten sie erst; und die ganze, allerdings sehr kleine Last des Körpers lag auf einer der Damen, welche hilfesuchend, mit fliegendem Atem – so hatte sie sich dieses Ehrenamt nicht vorgestellt – zuerst den Hals möglichst streckte, um wenigstens das Gesicht vor der Berührung mit dem Hungerkünstler zu bewahren, dann aber, da ihr dies nicht gelang und ihre glücklichere Gefährtin ihr nicht zu Hilfe kam, sondern sich damit begnügte, zitternd die Hand des Hungerkünstlers, dieses kleine Knochenbündel, vor sich herzutragen, unter dem entzückten Gelächter des Saales in Weinen ausbrach und von einem längst bereitgestellten Diener abgelöst werden mußte. Dann kam das Essen, von dem der Impresario dem Hungerkünstler während eines ohnmachtähnlichen Halbschlafes ein wenig einflößte, unter lustigem Plaudern, das die Aufmerksamkeit vom Zustand des Hungerkünstlers ablenken sollte; dann wurde noch ein Trinkspruch auf das Publikum ausgebracht, welcher dem Impresario angeblich vom Hungerkünstler zugeflüstert worden war; das Orchester bekräftigte alles durch einen großen Tusch, man ging auseinander, und niemand hatte das Recht, mit dem Gesehenen unzufrieden zu sein, niemand, nur der Hungerkünstler, immer nur er.

So lebte er mit regelmäßigen kleinen Ruhepausen viele Jahre, in scheinbarem Glanz, von der Welt geehrt, bei alledem aber meist in

the straw, this suffering martyr, which indeed he was, although in quite another sense ; grasped him round the emaciated waist, with exaggerated caution, so that the frail condition he was in might be appreciated ; and committed him to the care of the blenching ladies, not without secretly giving him a shaking so that his legs and body tottered and swayed.

The artist now submitted completely ; his head lolled on his breast as if it had landed there by chance ; his body was hollowed out ; his legs in a spasm of self-preservation clung close to each other at the knees, yet scraped on the ground as if it were not really solid ground, as if they were only trying to find solid ground ; and the whole weight of his body, a featherweight after all, relapsed onto one of the ladies,

who, looking round for help and panting a little – this post of honor was not at all what she had expected it to be – first stretched her neck as far as she could to keep her face at least free from contact with the artist, then finding this impossible, and her more fortunate companion not coming to her aid but merely holding extended on her own trembling hand the little bunch of knucklebones that was the artist's, to the great delight of the spectators burst into tears and had to be replaced by an attendant who had long been stationed in readiness.

Then came the food, a little of which the impresario managed to get between the artist's lips, while he sat in a kind of half-fainting trance, to the accompaniment of cheerful patter designed to distract the public's attention from the artist's condition ; after that, a toast was drunk to the public, supposedly prompted by a whisper from the artist in the impresario's ear ; the band confirmed it with a mighty flourish, the spectators melted away, and no one had any cause to be dissatisfied with the proceedings, no one except the hunger artist himself, he only, as always.

So he lived for many years, with small regular intervals of recuperation, in visible glory, honored by the world, yet in spite of

trüber Laune, die immer noch trüber wurde dadurch, daß niemand sie ernst zu nehmen verstand. Womit sollte man ihn auch trösten? Was blieb ihm zu wünschen übrig? Und wenn sich einmal ein Gutmütiger fand, der ihn bedauerte und ihm erklären wollte, daß seine Traurigkeit wahrscheinlich von dem Hungern käme, konnte es, besonders bei vorgeschrittener Hungerzeit, geschehn, daß der Hungerkünstler mit einem Wutausbruch antwortete und zum Schrecken aller wie ein Tier an dem Gitter zu rütteln begann. Doch hatte für solche Zustände der Impresario ein Strafmittel, das er gern anwandte. Er entschuldigte den Hungerkünstler vor versammeltem Publikum, gab zu, daß nur die durch das Hungern hervorgerufene, für satte Menschen nicht ohne weiteres begreifliche Reizbarkeit das Benehmen des Hungerkünstlers verzeihlich machen könne; kam dann im Zusammenhang damit auch auf die ebenso zu erklärende Behauptung des Hungerkünstlers zu sprechen, er könnte noch viel länger hungern, als er hungere; lobte das hohe Streben, den guten Willen, die große Selbstverleugnung, die gewiß auch in dieser Behauptung enthalten seien; suchte dann aber die Behauptung einfach genug durch Vorzeigen von Photographien, die gleichzeitig verkauft wurden, zu widerlegen, denn auf den Bildern sah man den Hungerkünstler an einem vierzigsten Hungertag, im Bett, fast verlöscht vor Entkräftung. Diese dem Hungerkünstler zwar wohlbekannte, immer aber von neuem ihn entnervende Verdrehung der Wahrheit war ihm zu viel. Was die Folge der vorzeitigen Beendigung des Hungerns war, stellte man hier als die Ursache dar! Gegen diesen Unverstand, gegen diese Welt des Unverstandes zu kämpfen, war unmöglich. Noch hatte er immer wieder in gutem Glauben begierig am Gitter dem Impresario zugehört, beim Erscheinen der Photographien aber ließ er das Gitter jedesmal los, sank mit Seufzen ins Stroh zurück, und das beruhigte Publikum konnte wieder herankommen und ihn besichtigen.

Wenn die Zeugen solcher Szenen ein paar Jahre später daran zurückdachten, wurden sie sich oft selbst unverständlich. Denn inzwischen war jener erwähnte Umschwung eingetreten; fast

that troubled in spirit, and all the more troubled because no one would take his trouble seriously. What comfort could he possibly need? What more could he possibly wish for? And if some good-natured person, feeling sorry for him, tried to console him by pointing out that his melancholy was probably caused by fasting, it could happen, especially when he had been fasting for some time, that he reacted with an outburst of fury and to the general alarm began to shake the bars of his cage like a wild animal. Yet the impresario had a way of punishing these outbreaks which he rather enjoyed putting into operation.

He would apologize publicly for the artist's behavior, which was only to be excused, he admitted, because of the irritability caused by fasting; a condition hardly to be understood by well-fed people; then by natural transition he went on to mention the artist's equally incomprehensible boast that he could fast for much longer than he was doing; he praised the high ambition, the good will, the great self-denial undoubtedly implicit in such a statement; and then quite simply countered it by bringing out photographs, which were also on sale to the public, showing the artist on the fortieth day of a fast lying in bed almost dead from exhaustion. This perversion of the truth, familiar to the artist though it was, always unnerved him afresh and proved too much for him.

What was a consequence of the premature ending of his fast was here presented as the cause of it! To fight against this lack of understanding, against a whole world of non-understanding, was impossible. Time and again in good faith he stood by the bars listening to the impresario, but as soon as the photographs appeared he always let go and sank with a groan back on to his straw, and the reassured public could once more come close and gaze at him.

A few years later when the witnesses of such scenes called them to mind, they often failed to understand themselves at all. For meanwhile the aforementioned change in public interest had set in;

plötzlich war das geschehen; es mochte tiefere Gründe haben, aber wem lag daran, sie aufzufinden; jedenfalls sah sich eines Tages der verwöhnte Hungerkünstler von der vergnügungssüchtigen Menge verlassen, die lieber zu anderen Schaustellungen strömte. Noch einmal jagte der Impresario mit ihm durch halb Europa, um zu sehn, ob sich nicht noch hie und da das alte Interesse wiederfände; alles vergeblich; wie in einem geheimen Einverständnis hatte sich überall geradezu eine Abneigung gegen das Schauhungern ausgebildet. Natürlich hatte das in Wirklichkeit nicht plötzlich so kommen können, und man erinnerte sich jetzt nachträglich an manche zu ihrer Zeit im Rauch der Erfolge nicht genügend beachtete, nicht genügend unterdrückte Vorboten, aber jetzt etwas dagegen zu unternehmen, war zu spät. Zwar war es sicher, daß einmal auch für das Hungern wieder die Zeit kommen werde, aber für die Lebenden war das kein Trost. Was sollte nun der Hungerkünstler tun? Der, welchen Tausende umjubelt hatten, konnte sich nicht in Schaubuden auf kleinen Jahrmärkten zeigen, und um einen andern Beruf zu ergreifen, war der Hungerkünstler nicht nur zu alt, sondern vor allem dem Hungern allzu fanatisch ergeben. So verabschiedete er denn den Impresario, den Genossen einer Laufbahn ohnegleichen, und ließ sich von einem großen Zirkus engagieren; um seine Empfindlichkeit zu schonen, sah er die Vertragsbedingungen gar nicht an.

Ein großer Zirkus mit seiner Unzahl von einander immer wieder ausgleichenden und ergänzenden Menschen und Tieren und Apparaten kann jeden und zu jeder Zeit gebrauchen, auch einen Hungerkünstler, bei entsprechend bescheidenen Ansprüchen natürlich, und außerdem war es ja in diesem besonderen Fall nicht nur der Hungerkünstler selbst, der engagiert wurde, sondern auch sein alter berühmter Name, ja man konnte bei der Eigenart dieser im zunehmenden Alter nicht abnehmenden Kunst nicht einmal sagen, daß ein ausgedienter, nicht mehr auf der Höhe seines Könnens stehender Künstler sich in einen ruhigen Zirkusposten flüchten wolle, im Gegenteil, der Hungerkünstler versicherte, daß er, was durchaus glaubwürdig war, ebensogut hungere wie früher, ja er

it seemed to happen almost overnight; there may have been profound causes for it, but who was going to bother about that; at any rate the pampered hunger artist suddenly found himself deserted one fine day by the amusement seekers, who went streaming past him to other more favored attractions. For the last time the impresario hurried him over half Europe to discover whether the old interest might still survive here and there; all in vain; everywhere, as if by secret agreement, a positive revulsion from professional fasting was in evidence. Of course it could not really have sprung up so suddenly as all that, and many premonitory symptoms which had not been sufficiently remarked or suppressed during the rush and glitter of success now came retrospectively to mind, but it was now too late to take any countermeasures. Fasting would surely come into fashion again at some future date, yet that was no comfort for those living in the present. What, then, was the hunger artist to do? He had been applauded by thousands in his time and could hardly come down to showing himself in a street booth at village fairs, and as for adopting another profession, he was not only too old for that but too fanatically devoted to fasting. So he took leave of the impresario, his partner in an unparalleled career, and hired himself to a large circus; in order to spare his own feelings he avoided reading the conditions of his contract.

A large circus with its enormous traffic in replacing and recruiting men, animals and apparatus can always find a use for people at any time, even for a hunger artist, provided of course that he does not ask too much, and in this particular case anyhow it was not only the artist who was taken on but his famous and long-known name as well; indeed considering the peculiar nature of his performance, which was not impaired by advancing age, it could not be objected that here was an artist past his prime, no longer at the height of his professional skill, seeking a refuge in some quiet corner of a circus; on the contrary, the hunger artist averred that he could fast as well as ever, which was entirely credible; he even alleged that if he were allowed to fast as he liked, and this was at once promised him

behauptete sogar, er werde, wenn man ihm seinen Willen lasse, und dies versprach man ihm ohne weiteres, eigentlich erst jetzt die Welt in berechtigtes Erstaunen setzen, eine Behauptung allerdings, die mit Rücksicht auf die Zeitstimmung, welche der Hungerkünstler im Eifer leicht vergaß, bei den Fachleuten nur ein Lächeln hervorrief.

Im Grunde aber verlor auch der Hungerkünstler den Blick für die wirklichen Verhältnisse nicht und nahm es als selbstverständlich hin, daß man ihn mit seinem Käfig nicht etwa als Glanznummer mitten in die Manege stellte, sondern draußen an einem im übrigen recht gut zugänglichen Ort in der Nähe der Stallungen unterbrachte. Große, bunt gemalte Aufschriften umrahmten den Käfig und verkündeten, was dort zu sehen war. Wenn das Publikum in den Pausen der Vorstellung zu den Ställen drängte, um die Tiere zu besichtigen, war es fast unvermeidlich, daß es beim Hungerkünstler vorüberkam und ein wenig dort haltmachte, man wäre vielleicht länger bei ihm geblieben, wenn nicht in dem schmalen Gang die Nachdrängenden, welche diesen Aufenthalt auf dem Weg zu den ersehnten Ställen nicht verstanden, eine längere ruhige Betrachtung unmöglich gemacht hätten. Dieses war auch der Grund, warum der Hungerkünstler von diesen Besuchszeiten, die er als seinen Lebenszweck natürlich herbeiwünschte, doch auch wieder zitterte. In der ersten Zeit hatte er die Vorstellungspausen kaum erwarten können; entzückt hatte er der sich heranwälzenden Menge entgegengesehn, bis er sich nur zu bald – auch die hartnäckigste, fast bewußte Selbsttäuschung hielt den Erfahrungen nicht stand – davon überzeugte, daß es zumeist der Absicht nach, immer wieder, ausnahmslos, lauter Stallbesucher waren. Und dieser Anblick von der Ferne blieb noch immer der schönste. Denn wenn sie bis zu ihm herangekommen waren, umtobte ihn sofort Geschrei und Schimpfen der ununterbrochen neu sich bildenden Parteien, jener, welche – sie wurde dem Hungerkünstler bald die peinlichere – ihn bequem ansehen wollte, nicht etwa aus Verständnis, sondern aus Laune und Trotz, und jener zweiten, die zunächst nur nach den Ställen verlangte. War der große Haufe vorüber, dann kamen die Nachzüg-

without more ado, he could astound the world by establishing a record never yet achieved, a statement which certainly provoked a smile among the other professionals, since it left out of account the change in public opinion, which the hunger artist in his zeal conveniently forgot.

He had not, however, actually lost his sense of the real situation and took it as a matter of course that he and his cage should be stationed, not in the middle of the ring as a main attraction, but outside, near the animal cages, on a site that was after all easily accessible. Large and gaily painted placards made a frame for the cage and announced what was to be seen inside it. When the public came thronging out in the intervals to see the animals, they could hardly avoid passing the hunger artist's cage and stopping there for a moment, perhaps they might even have stayed longer had not those pressing behind them in the narrow gangway, who did not understand why they should be held up on their way towards the excitements of the menagerie, made it impossible for anyone to stand gazing quietly for any length of time. And that was the reason why the hunger artist, who had of course been looking forward to these visiting hours as the main achievement of his life, began instead to shrink from them. At first he could hardly wait for the intervals ; it was exhilarating to watch the crowds come streaming his way, until only too soon – not even the most obstinate self-deception, clung to almost consciously, could hold out against the fact – the conviction was borne in upon him that these people, most of them, to judge from their actions, again and again, without exception, were all on their way to the menagerie. And the first sight of them from the distance remained the best. For when they reached his cage he was at once deafened by the storm of shouting and abuse that arose from the two contending factions, which renewed themselves continuously, of those who wanted to stop and stare at him – he soon began to dislike them more than the others – not out of real interest but only out of obstinate self-assertiveness, and those who wanted to go straight on to the animals. When the first great

ler, und diese allerdings, denen es nicht mehr verwehrt war, stehen zu bleiben, solange sie nur Lust hatten, eilten mit langen Schritten, fast ohne Seitenblick, vorüber, um rechtzeitig zu den Tieren zu kommen. Und es war kein allzu häufiger Glücksfall, daß ein Familienvater mit seinen Kindern kam, mit dem Finger auf den Hungerkünstler zeigte, ausführlich erklärte, um was es sich hier handelte, von früheren Jahren erzählte, wo er bei ähnlichen, aber unvergleichlich großartigeren Vorführungen gewesen war, und dann die Kinder, wegen ihrer ungenügenden Vorbereitung von Schule und Leben her, zwar immer noch verständnislos blieben – was war ihnen Hungern? – aber doch in dem Glanz ihrer forschenden Augen etwas von neuen, kommenden, gnädigeren Zeiten verrieten. Vielleicht, so sagte sich der Hungerkünstler dann manchmal, würde alles doch ein wenig besser werden, wenn sein Standort nicht gar so nahe bei den Ställen wäre. Den Leuten wurde dadurch die Wahl zu leicht gemacht, nicht zu reden davon, daß ihn die Ausdünstungen der Ställe, die Unruhe der Tiere in der Nacht, das Vorübertragen der rohen Fleischstücke für die Raubtiere, die Schreie bei der Fütterung sehr verletzten und dauernd bedrückten. Aber bei der Direktion vorstellig zu werden, wagte er nicht; immerhin verdankte er ja den Tieren die Menge der Besucher, unter denen sich hie und da auch ein für ihn Bestimmter finden konnte, und wer wußte, wohin man ihn verstecken würde, wenn er an seine Existenz erinnern wollte und damit auch daran, daß er, genau genommen, nur ein Hindernis auf dem Weg zu den Ställen war.

Ein kleines Hindernis allerdings, ein immer kleiner werdendes Hindernis. Man gewöhnte sich an die Sonderbarkeit, in den heutigen Zeiten Aufmerksamkeit für einen Hungerkünstler beanspruchen zu wollen, und mit dieser Gewöhnung war das Urteil über ihn gesprochen. Er mochte so gut hungern, als er nur konnte, und er tat es, aber nichts konnte ihn mehr retten, man ging an ihm vorüber. Versuche, jemandem die Hungerkunst zu erklären! Wer es nicht fühlt, dem kann man es nicht begreiflich machen. Die schönen Aufschriften wurden schmutzig und unleserlich, man riß sie

rush was past, the stragglers came along, and these, whom nothing could have prevented from stopping to look at him as long as they had breath, raced past with long strides, hardly even glancing at him, in their haste to get to the menagerie in time. And all too rarely did it happen that he had a stroke of luck, when some father of a family fetched up before him with his children, pointed a finger at the hunger artist and explained at length what the phenomenon meant, telling stories of earlier years when he himself had watched similar but much more thrilling performances, and the children, still rather uncomprehending, since neither inside nor outside school had they been sufficiently prepared for this lesson – what did they care about fasting? – yet showed by the brightness of their intent eyes that new and better times might be coming. Perhaps, said the hunger artist to himself many a time, things would be a little better if his cage were set not quite so near the menagerie. That made it too easy for people to make their choice, to say nothing of what he suffered from the stench of the menagerie, the animals' restlessness by night, the carrying past of raw lumps of flesh for the beasts of prey, the roaring at feeding times, which depressed him continually. But he did not dare to lodge a complaint with the management ; after all, he had the animals to thank for the troops of people who passed his cage, among whom there might always be one here and there to take an interest in him, and who could tell where they might seclude him if he called attention to his existence and thereby to the fact that, strictly speaking, he was only an impediment on the way to the menagerie.

A small impediment, to be sure, one that grew steadily less. People grew familiar with the strange idea that they could be expected, in times like these, to take an interest in a hunger artist, and with this familiarity the verdict went out against him.

He might fast as much as he could, and he did so ; but nothing could save him now, people passed him by. Just try to explain to anyone the art of fasting ! Anyone who has no feeling for it cannot be made to understand it. The fine placards grew dirty and illegible, they

herunter, niemandem fiel es ein, sie zu ersetzen; das Täfelchen mit der Ziffer der abgeleisteten Hungertage, das in der ersten Zeit sorgfältig täglich erneut worden war, blieb schon längst immer das gleiche, denn nach den ersten Wochen war das Personal selbst dieser kleinen Arbeit überdrüssig geworden; und so hungerte zwar der Hungerkünstler weiter, wie er es früher einmal erträumt hatte, und es gelang ihm ohne Mühe ganz so, wie er es damals vorausgesagt hatte, aber niemand zählte die Tage, niemand, nicht einmal der Hungerkünstler selbst wußte, wie groß die Leistung schon war, und sein Herz wurde schwer. Und wenn einmal in der Zeit ein Müßiggänger stehen blieb, sich über die alte Ziffer lustig machte und von Schwindel sprach, so war das in diesem Sinn die dümmste Lüge, welche Gleichgültigkeit und eingeborene Bösartigkeit erfinden konnte, denn nicht der Hungerkünstler betrog, er arbeitete ehrlich, aber die Welt betrog ihn um seinen Lohn.

Doch vergingen wieder viele Tage, und auch das nahm ein Ende. Einmal fiel einem Aufseher der Käfig auf, und er fragte die Diener, warum man hier diesen gut brauchbaren Käfig mit dem verfaulten Stroh drinnen unbenützt stehen lasse; niemand wußte es, bis sich einer mit Hilfe der Ziffertafel an den Hungerkünstler erinnerte. Man rührte mit Stangen das Stroh auf und fand den Hungerkünstler darin. «Du hungerst noch immer?» fragte der Aufseher, «wann wirst du denn endlich aufhören?» «Verzeiht mir alle», flüsterte der Hungerkünstler; nur der Aufseher, der das Ohr ans Gitter hielt, verstand ihn. «Gewiß», sagte der Aufseher und legte den Finger an die Stirn, um damit den Zustand des Hungerkünstlers dem Personal anzudeuten, «wir verzeihen dir.» «Immerfort wollte ich, daß ihr mein Hungern bewundert», sagte der Hungerkünstler. «Wir bewundern es auch», sagte der Aufseher entgegenkommend. «Ihr sollt es aber nicht bewundern», sagte der Hungerkünstler. «Nun, dann bewundern wir es also nicht», sagte der Aufseher, «warum sollen wir es denn nicht bewundern?» «Weil ich hungern muß, ich kann nicht anders», sagte der Hungerkünstler. «Da sieh mal einer», sagte der Aufseher, «warum kannst du denn nicht anders?» «Weil

were torn down; the little notice board telling the number of fast days achieved, which at first was changed carefully every day, had long stayed at the same figure, for after the first few weeks even this small task seemed pointless to the staff;

and so the artist simply fasted on and on, as he had once dreamed of doing, and it was no trouble to him, just as he had always foretold, but no one counted the days, no one, not even the artist himself, knew what records he was already breaking, and his heart grew heavy. And when once in a time some leisurely passer-by stopped, made merry over the old figure on the board and spoke of swindling, that was in its way the stupidest lie ever invented by indifference and inborn malice, since it was not the hunger artist who was cheating; he was working honestly, but the world was cheating him of his reward.

Many more days went by, however, and that too came to an end. An overseer's eye fell on the cage one day and he asked the attendants why this perfectly good cage should be left standing there unused with dirty straw inside it; nobody knew, until one man, helped out by the notice board, remembered about the hunger artist. They poked into the straw with sticks and found him in it. "Are you still fasting?" asked the overseer. "When on earth do you mean to stop?"

"Forgive me, everybody," whispered the hunger artist; only the overseer, who had his ear to the bars understood him. "Of course," said the overseer, and tapped his forehead with a finger to let the attendants know what state the man was in, "we forgive you." "I always wanted you to admire my fasting," said the hunger artist. "We do admire it," said the overseer, affably. "But you shouldn't admire it," said the hunger artist. "Well, then we don't admire it," said the overseer, "but why shouldn't we admire it?" "Because I have to fast, I can't help it," said the hunger artist. "What a fellow you are," said the overseer, "and why can't you help it?" "Because," said the hunger

ich», sagte der Hungerkünstler, hob das Köpfchen ein wenig und sprach mit wie zum Kuß gespitzten Lippen gerade in das Ohr des Aufsehers hinein, damit nichts verloren ginge, «weil ich nicht die Speise finden konnte, die mir schmeckt. Hätte ich sie gefunden, glaube mir, ich hätte kein Aufsehen gemacht und mich vollgegessen wie du und alle.» Das waren die letzten Worte, aber noch in seinen gebrochenen Augen war die feste, wenn auch nicht mehr stolze Überzeugung, daß er weiterhungre.

«Nun macht aber Ordnung!» sagte der Aufseher, und man begrub den Hungerkünstler samt dem Stroh. In den Käfig aber gab man einen jungen Panther. Es war eine selbst dem stumpfsten Sinn fühlbare Erholung, in dem so lange öden Käfig dieses wilde Tier sich herumwerfen zu sehn. Ihm fehlte nichts. Die Nahrung, die ihm schmeckte, brachten ihm ohne langes Nachdenken die Wächter; nicht einmal die Freiheit schien er zu vermissen; dieser edle, mit allem Nötigen bis knapp zum Zerreißen ausgestattete Körper schien auch die Freiheit mit sich herumzutragen; irgendwo im Gebiß schien sie zu stecken; und die Freude am Leben kam mit derart starker Glut aus seinem Rachen, daß es für die Zuschauer nicht leicht war, ihr standzuhalten. Aber sie überwanden sich, umdrängten den Käfig und wollten sich gar nicht fortrühren.

artist, lifting his head a little and speaking, with his lips pursed, as if for a kiss, into the overseer's ear, so that no syllable might be lost, "because I couldn't find the food I liked. If I had found it, believe me, I should have made no fuss and stuffed myself like you or anyone else."

These were his last words, but in his dimming eyes remained the firm though no longer proud persuasion that he was still continuing to fast.

"Well, clear this out now!" said the overseer, and they buried the hunger artist, straw and all. Into the cage they put a young panther. Even the most insensitive felt it refreshing to see this wild creature leaping around the cage that had so long been dreary. The panther was all right. The food he liked was brought him without hesitation by the attendants; he seemed not even to miss his freedom; his noble body, furnished almost to the bursting point with all that it needed, seemed to carry freedom around with it too; somewhere in his jaws it seemed to lurk; and the joy of life streamed with such ardent passion from his throat that for the onlookers it was not easy to stand the shock of it. But they braced themselves, crowded round the cage, and did not want ever to move away.

Robert Musil
Ein Mensch ohne Charakter

Man muß heute Charaktere wohl mit der Laterne suchen gehn; und wahrscheinlich macht man sich noch dazu lächerlich, wenn man bei Tag mit einem brennenden Licht umhergeht. Ich will also die Geschichte eines Mannes erzählen, der immer Schwierigkeiten mit seinem Charakter gehabt hat, ja, einfach gesagt, der überhaupt nie einen Charakter hatte; doch bin ich in Sorge, daß ich vielleicht bloß seine Bedeutung nicht rechtzeitig erfaßt habe und ob er nicht am Ende so etwas wie ein Pionier oder Vorläufer ist.

Wir waren Nachbarskinder. Wenn er irgendeine der Kleinigkeiten angestellt hatte, die so schön sind, daß man sie nicht gern erzählt, pflegte seine Mutter zu seufzen, denn die Prügel, die sie ihm gab, strengten sie an. «Junge», jammerte sie, «du hast nicht die Spur von Charakter; was mag aus dir noch werden!?» In schwereren Fällen wurde aber der Herr Vater zu Rate gezogen, und dann hatten die Prügel eine gewisse Feierlichkeit und eine ernste Würde, ungefähr wie ein Schulfest. Vor Beginn mußte mein Freund dem Herrn Oberrechnungsrat eigenhändig einen Rohrstab holen, der im Hauptberuf dem Ausklopfen der Kleider diente und von der Köchin verwahrt wurde; während nach Schluß der Sohn die Vaterhand zu küssen und, mit Dank für die Zurechtweisung, um Verzeihung für die Sorgen zu bitten hatte, die er seinen lieben Eltern verursachte. Mein Freund machte es umgekehrt. Er bettelte und heulte vor Beginn um Verzeihung, und setzte das von einem Schlag zum andern fort; wenn alles aber einmal vorbei war, brachte er kein Wort mehr hervor, war blaurot im Gesicht, schluckte Tränen und Speichel und suchte durch emsiges Reiben die Spuren seiner Empfindungen zu beseitigen. «Ich weiß nicht», – pflegte dann sein Vater zu sagen – «was aus dem Jungen noch werden soll; der Bengel hat absolut keinen Charakter!»

So war in unserer Jugend Charakter das, wofür man Prügel

Robert Musil
A Man without Character

Nowadays, I suppose, you need to go searching for characters with
the aid of a lantern; and you'll probably make yourself ridiculous
into the bargain if you go around in daytime with a blazing light.
Now I want to tell the story of a man who has always had difficulties
over his character – indeed, to put it simply, never had any character
at all; yet it worries me that perhaps I've merely not grasped his
importance at the right time and whether in the last resort he isn't
some kind of pioneer or precursor.

As children we were neighbours. Whenever he had got up to one
of those trifles that are so lovely one doesn't like to talk about them,
his mother used to sigh, for the thrashings she gave him taxed her
strength. "Boy," she would moan, "you haven't got an ounce of
character; whatever may yet become of you?" For more serious
incidents the Herr Vater was consulted, and then the thrashings took
on a certain solemnity and earnest dignity, somewhat resembling
a school occasion. Before the start my friend was personally obliged
to bring the Herr Senior Auditor a cane rod which, as its main
function, served to beat the clothes and was kept in the cook's
custody; while after the conclusion the son had to kiss his father's
hand and, expressing thanks for the reprimand, had to beg
forgiveness for the sorrows he had caused his dear parents. My
friend did it the other way round. Before the start he begged
and howled for forgiveness and went on doing so from one blow
to the next; but once everything was over and done with, he didn't
utter one word more, was blueish-red in the face, swallowed
tears and spittle, and tried by diligent rubbing to efface the
marks of his feelings. "I don't know," – his father was then wont
to say – "what's yet to become of the boy; the rascal has absolutely
no character!"

Thus in our youth 'character' was what one gets a thrashing for

bekommt, obgleich man es nicht hat. Es schien eine gewisse Ungerechtigkeit darin zu stecken. Die Eltern meines Freundes behaupteten, wenn sie von ihm Charakter verlangten und ausnahmsweise einmal zu Erklärungen griffen, Charakter sei das begriffliche Gegenteil von schlechten Zeugnissen, geschwänzten Schulstunden, an Hundeschwänze gebundenen Blechtöpfen, Geschwätz und heimlichen Spielen während des Unterrichts, verstockten Ausreden, zerstreutem Gedächtnis und unschuldigen Vögeln, die ein gemeiner Schütze mit der Schleuder geschossen hat. Aber das natürliche Gegenteil von alledem waren doch schon die Schrecknisse der Strafe, die Angst vor Entdeckung und die Qualen des Gewissens, welche die Seele mit jener Reue peinigen, die man empfinden könnte, wenn die Sache schief ginge. Das war komplett; für einen Charakter ließ es keinen Platz und keine Tätigkeit übrig, er war vollkommen überflüssig. Dennoch verlangte man ihn von uns.

Vielleicht hätte es uns einen Anhaltspunkt bieten sollen, was zuweilen während der Strafen erläuternd zu meinem Freunde gesprochen wurde, wie: «Hast du denn gar keinen Stolz, Bube?!» – oder: «Wie kann man bloß so niederträchtig lügen?!» – Aber ich muß sagen, daß es mir auch heute noch schwer fällt, mir vorzustellen, daß einer stolz sein soll, wenn er eine Ohrfeige bekommt, oder wie er seinen Stolz zeigen soll, während er übers Knie gelegt wird. Wut könnte ich mir vorstellen; aber die sollten wir ja gerade nicht haben! Und ebenso verhält es sich mit dem Lügen; wie soll man denn lügen, wenn nicht niederträchtig? Etwa ungeschickt? Wenn ich darüber nachdenke, kommt es mir selbst heute noch so vor, als ob man damals am liebsten von uns Buben gefordert hätte, wir sollten aufrichtig lügen. Das war aber eine Art doppelter Anrechnung: erstens, du sollst nicht lügen; zweitens, wenn du jedoch schon lügst, dann lüge wenigstens nicht verlogen. Vielleicht müssen erwachsene Verbrecher so unterscheiden können, da man es ihnen in den Gerichtssälen immer als besondere Bosheit ankreidet, wenn sie ihre Verbrechen kaltblütig, vorsichtig und mit Überlegung begehen; aber von Buben war das entschieden zuviel verlangt. Ich fürchte, ich

even though one doesn't have it. A certain injustice seemed to inhere in this. My friend's parents maintained, when they demanded character of him and once, exceptionally, resorted to explanations, that character was the conceptual opposite of bad reports, school lessons missed through truancy, tin cans tied to dogs' tails, chatter and games played covertly during tuition, stubborn excuses, a wandering memory and innocent birds that a mean marksman has shot with a catapult.

Yet the natural opposite of all such things were surely none other than the terrors of punishment, fear of discovery, and the pangs of conscience which torture the soul with that penitence one might feel if the business were to go awry. That was the whole story; it left no spare room or energy for a character; that was completely superfluous. Nevertheless that was what they demanded of us.

Perhaps those phrases should have offered us an anchorage which were sometime spoken to my friend by way of commentary during his chastisements, such as: "Have you no pride at all then, lad?" – or: "How on earth can one tell such mean lies?" But I must say that, even today, I find it hard to imagine that a fellow ought to be proud when he receives a clout on the ear, or how he is to show his pride while he is being placed over someone's knee. Anger I *could* imagine; but that was precisely what we were not to feel! And just the same goes for lying; how is one to lie after all, if not meanly? Clumsily maybe? When I reflect on it, it still seems to me, even today, as if they would most of all have liked to urge us lads to lie honestly. But that was a sort of double demand: firstly, thou shalt not lie; secondly, if thou nevertheless dost lie, then lie at least in a non-lying way! Perhaps adult criminals must be able to make this distinction, since in the courts it gets chalked up against them as a particular villainy if they commit their crimes cold-bloodedly, carefully and with premeditation; but it was definitely asking too much of us lads. I fear the only reason why I have not displayed such

habe bloß deshalb keine so auffallenden Charaktermängel gezeigt wie mein Freund, weil ich nicht so sorgfältig erzogen wurde.

Am einleuchtendsten von allen elterlichen Aussprüchen, die sich mit unserem Charakter befaßten, waren noch die, welche sein bedauerliches Fehlen mit der Warnung in Zusammenhang brachten, daß wir ihn einst als Männer vonnöten haben werden. «Und ein solcher Junge will ein Mann werden!?» hieß es ungefähr. Sah man davon ab, daß die Sache mit dem Wollen nicht ganz klar war, so bewies das übrige wenigstens, daß Charakter etwas sei, das wir erst später brauchen sollten; wozu also dann jetzt schon die überhasteten Vorbereitungen? Dies wäre ganz das gewesen, was auch wir meinten.

Obzwar mein Freund also damals keinen Charakter besaß, so vermißte er ihn doch nicht. Das kam erst später und begann zwischen unserem sechzehnten und siebzehnten Jahr. Da fingen wir an, ins Theater zu gehen und Romane zu lesen. Von dem Gehirn meines Freundes, das die irreführenden Verlockungen der Kunst lebhafter als das meine aufnahm, ergriffen der Intrigant der städtischen Theater, der zärtliche Vater, der heldische Liebhaber, die komische Person, ja sogar die teuflische Salonschlange und die bezaubernde Naive Besitz. Er redete nur noch in falschen Tönen, hatte aber plötzlich alles an Charakter in sich, was es auf der deutschen Bühne gibt. Wenn er etwas versprach, konnte man nie wissen, ob man sein Ehrenwort als Held oder als Intrigant besaß; es geschah, daß er heimtückisch begann und aufrichtig endete, wie auch umgekehrt; er empfing uns Freunde polternd, um uns plötzlich mit dem eleganten Lächeln des Bonvivants Platz und Schokoladebonbons anzubieten, oder umarmte uns väterlich und stahl dabei die Zigaretten aus unserer Tasche.

Doch war das harmlos und offen im Vergleich mit den Wirkungen des Romanlesens. In den Romanen finden sich die wundervollsten Verhaltensweisen für unzählige Lebenslagen beschrieben. Der große Nachteil ist aber der, daß sich die Lebenslagen, in die man gerät, niemals ganz mit denen decken, für die in den Romanen

prominent defects of character as my friend is because I was not ecucated with such care.

The most plausible of all the parental utterances that dealt with our character were, if any, those which coupled its regrettable absence with the warning that one day, as men, we would stand in need of it. "And such a boy intends to grow into a man!" the message approximately went. If one overlooked the fact that the issue of volition was not wholly plain, the rest of it at least proved that character was something we ought only to need later; why, then, all these over-hasty preparations already now? That would have been exactly the way we thought about it too.

Although my friend accordingly owned no character at that time, yet he did not miss it. That only came later and began between our sixteenth and seventeenth years of age. That's when we started to go to the theatre and to read novels. My friend's brain, which absorbed the misleading enticements of Art in more lively fashion than mine, was taken in possession by the villain of the municipal theatres, the tender father, the heroic lover, the funny customer, indeed even by the drawing-room viper and the enchanting *ingénue*. He now spoke solely in false tones, yet suddenly had every shade of character in him that existed on the German stage. Whenever he gave a promise, you could never know whether you had his word of honour as a hero or a villain; it befell that he would make a dastardly start and conclude honestly, as also the other way round; he would receive us friends of his full of bluster, only all at once to offer us chairs and chocolate sweets with the elegant smile of the bon-vivant, or he would give us a fatherly embrace and in so doing pinch the cigarettes out of our pockets.

Yet all this was innocuous and transparent compared with the effects of reading novels. Novels contain descriptions of the most wondrous ways of behaving in countless 'real-life' situations. But the great disadvantage is that the situations you get into never quite match those for which novels lay down what you should do and say.

vorgesehen ist, was man zu tun und zu sagen hat. Die Weltliteratur ist ein ungeheures Magazin, wo Millionen Seelen mit Edelmut, Zorn, Stolz, Liebe, Hohn, Eifersucht, Adel und Gemeinheit bekleidet werden. Wenn eine angebetete Frau unsere Gefühle mit Füßen tritt, so wissen wir, daß wir ihr einen strafend seelenvollen Blick zuzuwerfen haben ; wenn ein Schurke eine Waise mißhandelt, so wissen wir, daß wir ihn mit einem Schlag zu Boden schmettern müssen. Aber was sollen wir tun, wenn die angebetene Frau unmittelbar, nachdem sie unsere Gefühle mit Füßen getreten hat, die Tür ihres Zimmers zuschlägt, so daß sie unser seelenvoller Blick nicht erreicht ? Oder wenn zwischen dem Schurken, der die Waisen mißhandelt, und uns ein Tisch mit kostbaren Gläsern steht ? Sollen wir die Tür einschlagen, um dann durch das Loch einen sanften Blick zu werfen ; und sollen wir sorgfältig die teuren Gläser abräumen, ehe wir zum empörten· Schlag ausholen ? In solchen wirklich wichtigen Fällen läßt einen die Literatur immer im Stich ; vielleicht wird es erst in einigen hundert Jahren, wenn noch mehr beschrieben ist, besser sein.

Einstweilen entsteht daraus aber jedesmal eine geradezu besonders unangenehme Lage für einen belesenen Charakter, wenn er sich in einer sogenannten Lebenslage befindet. Ein gutes Dutzend angefangener Sätze, halb erhobener Augenbrauen oder geballter Fäuste, zugekehrter Rücken und pochender Brüste, die alle nicht ganz zu dem Anlaß passen, und doch auch nicht unpassend wären, kochen in ihm ; die Mundwinkel werden gleichzeitig hinauf- und hinabgezerrt, die Stirn finster gerunzelt und hell beglänzt, der Blick will sich zur gleichen Zeit strafend hervorstürzen und beschämt zurückziehen: und das ist sehr unangenehm, denn man tut sich sozusagen selbst gegenseitig weh. Als Ergebnis entsteht dann oft jenes bekannte Zucken und Schlucken, das sich über Lippen, Augen, Hände und Kehle ausdehnt, ja mitunter den ganzen Körper so heftig erfaßt, daß er sich wie eine Schraube windet, die ihre Mutter verloren hat.

Damals entdeckte mein Freund, wieviel bequemer es wäre, als

World literature is a huge storehouse where millions of souls are garbed in magnanimity, anger, pride, love, mockery, jealousy, nobility and meanness.

When a lady we adore tramples on our feelings, we know that we must cast a soulful look, full of reproach, at her; when a rogue ill-treats an orphan girl, we know we must hurl him to the ground with a single blow. But what are we to do if the lady we adore, immediately after trampling on our feelings, slams the door of her room shut, so that our soulful look can't reach her? Or if, betwixt the rogue who is ill-treating the orphan girl and ourselves, there stands a table laden with precious glasses?

Ought we to break through the door and then cast a gentle look through the hole; and ought we carefully to clear away the expensive glasses before lungeing back to deliver our incensed blow? In such truly important cases literature always leaves us in the lurch; only a few hundred years hence perhaps, when even more has been described, will things get better.

Meantime however a downright particularly nasty situation always arises for a well-read character whenever he finds himself in a so-called 'real-life' situation. A round dozen half-launched sentences, half-raised eyebrows or clenched fists, turned backs and throbbing breasts, all of which don't quite fit the occasion, and yet would not be unfitting, seethe within him; the corners of his mouth are simultaneously pulled upwards and downwards, his brow is wrinkled in a scowl or brightly illumined, his glance seeks at one and the same time to dart reproachfully at you and to withdraw in shame: and that is extremely nasty, for one inflicts, as it were, mutual injury on oneself. As a result there then often occurs that well-known shuddering and swallowing which spreads beyond lips, eyes, hands and throat – indeed sometimes seizes such violent hold on the whole body that it squirms like a screw which has lost its nut.

At that juncture my friend discovered how much more conve-

einzigen Charakter seinen eigenen zu besitzen, und begann diesen zu suchen.

Aber er geriet in neue Abenteuer. Ich traf ihn nach Jahren wieder, als er den Beruf eines Rechtsanwalts ergriffen hatte. Er trug Brillen, rasierte sich den Bart und sprach mit leiser Stimme. – «Du siehst mich an?» – bemerkte er. Ich konnte es nicht leugnen, irgend etwas hieß mich, in seiner Erscheinung eine Antwort suchen. – «Sehe ich aus wie ein Rechtsanwalt?» fragte er. Ich wollte es nicht bestreiten. Er erklärte mir: «Rechtsanwälte haben eine ganz bestimmte Art, durch ihre Kneifergläser zu blicken, die anders ist als zum Beispiel die der Ärzte. Es läßt sich auch sagen, daß alle ihre Bewegungen und Worte spitzer oder zackiger sind als die rundlichen und knorrigen der Theologen. Sie unterscheiden sich von ihnen wie ein Feuilleton von einer Predigt, mit einem Wort, so wenig ein Fisch von Baum zu Baum fliegt, so sehr sind Rechtsanwälte in ein Medium eingetaucht, das sie niemals verlassen.»

«Berufscharakter!» sagte ich. Mein Freund war mit mir zufrieden. «Es ist nicht so einfach gewesen», bemerkte er. «Als ich anfing, habe ich einen Christusbart getragen; aber mein Chef hat es mir verboten, weil es nicht zum Charakter eines Rechtsanwaltes paßt. Darauf habe ich mich wie ein Maler getragen, und als es mir verwehrt wurde, wie ein Seefahrer auf Urlaub.» – «Um Gottes willen, warum?» fragte ich. «Weil ich mich natürlich dagegen wehren wollte, einen Berufscharakter anzunehmen», gab er zur Antwort. «Das Schlimme ist, daß man ihm nicht entgehen kann. Es gibt natürlich Rechtsanwälte, die wie Dichter aussehen, und ebenso Dichter, die wie Gemüseverkäufer aussehen, und Gemüseverkäufer, die Denkerköpfe besitzen. Sie alle haben aber etwas von einem Glasauge oder einem angeklebten Bart an sich oder von einer schlecht zugeheilten Wunde. Ich verstehe nicht warum, aber es ist doch so?» Er lächelte in seiner Art und fügte ergeben hinzu: «Wie du weißt, habe ich doch nicht einmal einen persönlichen Charakter...»

Ich erinnerte ihn an die vielen Schauspielercharaktere. «Das war

nient it would be to possess, as one's sole character, one's own – and began to search for it.

But he fell into new adventures. I met him again, years later, when he had adopted the profession of a solicitor. He wore spectacles, shaved his beard and spoke in a quiet tone. – "You're studying me?" he remarked. I couldn't deny it; something or other bade me seek an answer in his appearance. – "Do I look like a solicitor?" he asked. I had no wish to dispute it.

He explained: "Solicitors have a quite special way of glancing through their pince-nez, which is different from that of doctors for instance. It can also be said that all their movements and words are more barbed or jagged than the rounded and gnarled words of theologians. They differ from them as a feature article from a sermon; in short, as little as a fish flies from tree to tree, so much are solicitors submerged in an element they never leave."

"Professional character!" said I. My friend was satisfied with me. "It hasn't been that easy," he observed. "When I started, I wore a Jesus-beard; but my boss has forbidden it because it doesn't suit a solicitor's character. After that I assumed the bearing of a painter, and when this was disallowed me, of a seaman on leave." – "For heaven's sake, why?" I asked.

"Because, of course, I wanted to resist adopting a professional character," he said in reply. "The sad thing is, one can't avoid it. There are, naturally, solicitors who look like poets and, equally, poets who look like greengrocers, and greengrocers who have the heads of philosophers. But all these carry with them the suggestion of a glass-eye, or a glued-on beard, or of a badly healed wound. I don't understand why, but that's how it is, eh?" He smiled after his fashion and added humbly: "Why, as you know, I haven't even got a personal character . . ."

I reminded him of the many characters he had acted. "That was

erst die Jugend!» ergänzte er es seufzend. «Wenn man ein Mann wird, bekommt man noch einen Geschlechts-, einen National-, einen Staats-, einen Klassen-, einen geographischen Charakter dazu, man hat einen Charakter der Handschrift, der Handlinien, der Schädelform und womöglich noch einen, der aus der Konstellation der Gestirne im Augenblick der Geburt folgt. Mir ist das zuviel. Ich weiß nie, welchem meiner Charaktere ich recht geben soll.» – Wieder kam sein stilles Lächeln zum Vorschein. «Zum Glück habe ich eine Braut, die von mir behauptet, daß ich überhaupt keinen Charakter besitze, weil ich mein Versprechen, sie zu heiraten, noch nicht eingehalten habe. Ich werde sie gerade deshalb heiraten, denn ihr gesundes Urteil ist mir unentbehrlich.» – «Wer ist deine Braut?»

«Welchem Charakter nach? Aber, weißt du», unterbrach er das, «sie weiß trotzdem immer, was sie will! Sie ist ursprünglich ein reizend hilfloses kleines Mädchen gewesen – ich kenne sie schon lange –, aber sie hat viel von mir gelernt. Wenn ich lüge, findet sie es entsetzlich; wenn ich morgens nicht rechtzeitig ins Bureau gehe, so behauptet sie, ich werde niemals eine Familie erhalten können; wenn ich mich nicht entschließen kann, eine Zusage einzuhalten, die ich gegeben habe, so weiß sie, daß das nur ein Schuft tut.»

Mein Freund lächelte noch einmal. Er war damals ein liebenswürdiger Mensch, und jeder Mensch sah freundlich lächelnd auf ihn herab. Niemand nahm ernstlich an, daß er es zu etwas bringen werde. Schon an seiner äußeren Erscheinung fiel auf, daß, sobald er zu sprechen anfing, jedes Glied seines Körpers eine andere Lage einnahm; die Augen wichen zur Seite aus, Achsel, Arm und Hand bewegten sich nach entgegengesetzten Richtungen, und mindestens ein Bein federte im Kniewinkel wie eine Briefwaage. Wie gesagt, er war damals ein liebenswürdiger Mensch, bescheiden, schüchtern, ehrfürchtig; und manchmal war er auch das Gegenteil von all dem, aber man blieb ihm schon aus Neugierde gewogen.

Als ich ihn wiedersah, besaß er ein Auto, jene Frau, die nun sein Schatten war, und eine angesehene, einflußreiche Stellung. Wie er

just youth to start with!" – he complemented with a sigh. "When one becomes man, one gains in addition a sexual, a national, a State, a class, a geographical character; one has a character in one's handwriting, the lines on one's palm, the shape of one's skull, and conceivably yet another which derives from the constellation of the stars at the moment of one's birth. That's too much for me. I never know which of my characters I ought to agree with." – Again his quiet smile appeared. "Luckily I have a fiancée who claims I haven't got the least bit of character, because I've not yet kept my promise to marry her. I'm going to marry her for that very reason, because I find her healthy judgement is indispensable to me."

"Who is your fiancée?"

"What kind of character she conforms to? But you see," he interrupted his thought, "for all that, she always knows what she wants! Originally she was a charmingly helpless little girl – I've known her a long time now – but she has learnt a great deal from me. When I lie she finds that dreadful; when I don't go to the office punctually in the morning, she asserts I'll never be able to maintain a family; when I can't make up my mind to fulfil a promise I've given, she knows that only a rogue acts so."

My friend smiled once again. At that time he was an agreeable fellow and everybody looked down on him with a friendly smile. No one seriously believed he would make his way in the world. Even in his external appearance it struck you that as soon as he began to speak every limb in his body shifted to a different position; his eyes dodged sideways; shoulder, arm and hand moved in opposite directions, and one leg at least would bounce up and down at the angle of the knee like a letter-balance. As I have said, he was then an agreeable fellow, modest, shy and respectful; and sometimes he was also the opposite of it all, but one went on feeling favourably disposed towards him, if only out of curiosity.

When I saw him next he owned a car, that wife who was now his shadow and occupied a well-regarded, influential post. How he

das angefangen hatte, weiß ich nicht; aber was ich vermute, ist, daß das ganze Geheimnis darin lag, daß er dick wurde. Sein eingeschüchtertes, bewegliches Gesicht war fort. Genauer gesehen, es war noch da, aber es lag unter einer dicken Hülle von Fleisch. Seine Augen, die einst, wenn er etwas angestellt hatte, so rührend sein konnten wie die eines traurigen Äffchens, hatten eigentlich ihren aus dem Innern kommenden Glanz nicht verloren; aber zwischen den hoch gepolsterten Wangen hatten sie jedesmal Mühe, wenn sie sich nach der Seite drehen wollten, und stierten darum mit einem hochmütig gequälten Ausdruck. Seine Bewegungen fuhren innerlich immer noch umher, aber außen, an den Beugen und Gelenken der Glieder, wurden sie von stoßdämpfenden Fettpolstern aufgefangen, und was herauskam, sah wie Kurzangebundenheit und entschlossene Sprache aus. So war nun auch der Mensch geworden. Sein irrlichternder Geist hatte feste Wände und dicke Überzeugungen bekommen. Manchmal blitzte noch etwas in ihm auf; aber es verbreitete keine Helligkeit mehr in dem Menschen, sondern war ein Schuß, den er abgab, um zu imponieren oder ein bestimmtes Ziel zu erreichen. Er hatte eigentlich viel gegen früher verloren. Von allem, was er äußerte, ging jetzt zwölf auf ein Dutzend, wenn das auch ein Dutzend guter, verläßlicher Ware war. Und seine Vergangenheit behandelte er so, wie man sich an eine Jugendtorheit erinnert.

Einmal gelang es mir, ihn auf unseren alten Gesprächsgegenstand, den Charakter, zurückzubringen. «Ich bin überzeugt, daß die Entwicklung des Charakters mit der Kriegsführung zusammenhängt», legte er mir in atemknapper Sprache dar, «und daß er darum heute auf der ganzen Welt nur noch unter Halbwilden zu finden ist. Denn wer mit Messer und Speer kämpft, muß ihn haben, um nicht den kürzeren zu ziehen. Welcher noch so entschlossene Charakter hält aber gegen Panzerwagen, Flammenwerfer und Giftwolken stand!? Was wir darum heute brauchen, sind nicht Charaktere, sondern Disziplin!»

Ich hatte ihm nicht widersprochen. Aber das Sonderbare war – und darum erlaube ich mir auch, diese Erinnerung niederzuschrei-

had set about it I don't know; but what I suspect is that the whole secret lay in the circumstance that he grew fat. His intimidated, mobile face was gone. Viewed more exactly, it was still there but it lay beneath a thick envelope of flesh. His eyes which once, when he had been up to something, could look as appealing as those of a sad little ape had not really lost their brightness, coming from within; but lying between highly cushioned cheeks they always met with difficulty when they wanted to turn sideways and therefore peered out with a haughtily tortured expression. His movements still kept capering around inside, but outside, at the flexures and joints of the limbs, they were restrained by shock-resistant cushions of fat, and what emerged looked like brusqueness and decisive speech.

So he had now also turned into that sort of person. His will-o'-the-wisp spirit had acquired firm outlines and stout convictions. Something still occasionally flared up in him; but it no longer spread radiance in the man but was a shot which he fired off to impress, or to attain a certain end. Actually he had lost much compared with former times. All his utterances were now twelve of a kind, though the dozen was made of sound, reliable stuff, And he would treat his past as though recalling a youthful folly.

Once I managed to lead him back to our old topic: Character. "I am convinced that the development of character is connected with the way war is waged," he explained to me, his speech coming in gasps, "and that for this reason it can nowadays still be found in the whole world amongst semi-barbarians.

For whoever fights with knife and spear must possess it, to avoid coming off second best. But what character, however determined, can stand up against tanks, flame-throwers and clouds of poison gas? What we need nowadays therefore is not characters but discipline!"

I had not contradicted him. But the strange thing was – and that's also why I'm taking the liberty of putting this reminiscence in

ben –, daß ich, während er so sprach und ich ihn ansah, immerdar das Empfinden hatte, der alte Mensch sei noch in ihm. Er stand in ihm, von der fleischigen größeren Wiederholung der ursprünglichen Gestalt eingeschlossen. Sein Blick stach im Blick des andern, sein Wort im Wort. Es war fast unheimlich. Ich habe ihn inzwischen noch einigemal wiedergesehen, und dieser Eindruck hat sich jedesmal wiederholt. Es war deutlich zu sehen, daß er, wenn ich so sagen darf, gerne einmal wieder ganz ans Fenster gekommen wäre ; aber irgend etwas verhinderte ihn daran.

writing – that while he was thus speaking and I was watching him, I had the feeling, throughout, that the man of old was still inside him. He stood inside him, enclosed by the fleshy, larger duplicate of his original figure. His gaze pierced through the other's gaze, his words through his. It was almost uncanny. I have seen him several times since, and this impression has recurred on each occasion. It was plain to see that, if I may put it thus, he would very much have liked to come right up to the window; but something or other held him back.

Heimito von Doderer
Léon Pujot

Léon Pujot, ehemals Maschinenführer auf Arbeitslokomotiven bei
Eisenbahnbauten, war nun seit einigen Jahren schon Taxichauffeur
in Nancy ; mit eigenem Wagen. Er machte auch Fahrten über Land,
nach Straßbourg, nach Epinal oder Bar le Duc, ja selbst bis Reims
oder nach Paris. Letzteres besonders mit einem Stammkunden, der
ihn während der warmen Jahreszeit monatlich zweimal in Anspruch
nahm, ein Fabrikant, der hinüberfuhr und einige Tage blieb, aus
geschäftlichen und wohl auch aus anderen Gründen. Bevor Léon mit
dem leeren Wagen nach Nancy zurückkehrte, trachtete er – einen
zahlenden Fahrgast zu bekommen, wird man meinen, und auch
Pujot selbst mochte sich wohl eingestehen, daß dies das Richtige
gewesen wäre. Jedoch er fuhr jedesmal in die Rue de Vaugirard, blieb
vor einem bestimmten Hause stehen und gab ein bestimmtes
Hupensignal, worauf – wenn es gut ging – in einem bestimmten
Fenster ein Mädchenkopf sichtbar wurde – «gleich, gleich komme
ich !» – und etwas später hüpfte Fräulein Lupart auf den Sitz neben
ihm, und sie fuhren mit stürmendem Motor gegen die östlichen
Vorstädte hinaus und über die Stadtgrenze, bis Häuser, Schuppen
und Geleise ganz aufgelöst zurückblieben und weiterhin der
Flußlauf der Marne sichtbar ward. Auf dem langen Wege nach
Nancy kehrten sie wohl auch einmal ein, in Montmirail oder Vitry,
wo man wieder auf die Eisenbahnlinie traf. An diese Rückfahrt
dachte Léon immer schon auf der Tour von Nancy in die Hauptstadt.
Denn es war leider keineswegs so ausgemacht und sicher, daß am
nächsten Morgen, wenn er in der Rue de Vaugirard seine Hupe
erklingen ließ, auf jeden Fall jener Kopf in jenem Fenster auftauchen
würde, ja, und wenn auch – manchmal mußte er gleichwohl ohne sie
zurückfahren, allein, da ihm dann obendrein sein Mißmut gar keine
Geduld mehr ließ, sich noch einen Fahrgast zu suchen. Adèle zeigte
nicht selten bedauerlich wenig Verlangen danach, ihre Eltern in

Heimito von Doderer
Léon Pujot

Léon Pujot, formerly a driver of goods engines on railway building assignments, had now, already for some time past, been a taxi chauffeur in Nancy – with a car of his own. He also undertook long-distance journeys, to Strasbourg, to Epinal or Bar le Duc, indeed even as far as Reims or to Paris. This last trip, principally with a regular customer who, in the warm season, claimed his services twice a month, a manufacturer who drove over and stayed for a few days, for business and doubtless for other reasons as well. Before Léon returned with the empty taxi to Nancy, he endeavoured, one might fancy, to get hold of a paying passenger, and Pujot too may well have acknowledged in private that that would have been the proper thing. However each time he drove to the Rue de Vaugirard, came to a halt in front of a certain house and sounded a certain signal on his horn, whereupon – if all went well – the head of a girl appeared at a certain window – "coming in a jiff, a jiff!" – and somewhat later Mlle Lupart hopped up on the seat beside him and they drove away, the engine racing, towards the eastern suburbs and out beyond the city limit, till houses, sheds and rail-tracks were left behind, utterly dissolved, and further on the course of the River Marne became visible. On the long way to Nancy they naturally also made a halt, in Montmirail or Vitry, where they struck the railway line again. Léon always thought about this return journey already on the trip from Nancy to the capital. For unfortunately it was by no means such a certain, foregone conclusion that the following morning, when he let his horn blare in the Rue de Vaugirard, that head would definitely appear at that window, and indeed even if it did – sometimes he still had to drive back without her, alone, for then, on top of it all, his ill-humour left him with no patience whatsoever to look for yet another passenger. Not seldom Adèle showed regrettably little longing to visit her parents in Nancy and thus to make use of the

Nancy zu besuchen und so von Pujot's Gefälligkeit gegen die Alten Gebrauch zu machen, der ihnen das Küken gratis aus Paris brachte, gern und dankbar, sie hatten ihn als armen elternlosen Jungen gefüttert und ihn lernen lassen. Fräulein Lupart hatte oft dringend zu studieren und vor dem vielen Wissen, das die Sorbonne von einer Studentin verlangte, mußten sie wohl Respekt haben, die Eltern ebenso wie Léon. Dieser knatterte dann bekümmert ab. Der Rückweg gähnte in solchen Fällen von Leere. Pujot kam sich stets etwas belämmert vor. Wenn ihr so wenig daran lag mit ihm zu fahren, nun dann –! Freilich, sie hatte wohl Freunde unter den Studenten, vielleicht sogar einen Geliebten, was konnte man denn schon wissen. Und er, Pujot, war nur ein Chauffeur, wenn auch einer mit eigenem Wagen. Und es gab außerdem auch dort in Nancy einen gewissen jungen Herrn, der es nicht gerne zu sehen schien, wenn Adèle mit Pujot's Wagen kam, Léon hatte dies schon beobachtet. Nun, ach ja, hol's der Teufel –

Er fuhr fast immer zur gleichen Zeit von der Rue de Vaugirard ab. War sie mit ihm, dann fuhren sie wie es kam und ihr beliebte, rasch oder langsam, mit einer, zwei oder drei Stationen. Wenn Léon jedoch allein war – und dies geschah in der letzten Zeit sehr häufig, wurde schon fast zur Regel, er mußte sich's eingestehen! – dann hielt er Fahrzeit und Tempo genau ein, suchte es den fahrplanmäßigen Eisenbahnzügen gleichzutun, die er schon alle kannte, und mit solcher Spielerei vertrieb er sich die Zeit. Da war etwa der Schnellzug Paris–Straßburg: diesen pflegte Léon bei einer kleineren Station zu überholen, wo der Train einen Aufenthalt von einer Minute hatte. Auch diesmal wehte pünktlich die Dampffahne heran. Léon fuhr durch das Städtchen und auf das Stationsgebäude zu, an dem seine Straße vorbeilief. Rechts hinter ihm, auf dem Bahndamme, wuchs, noch entfernt, das Schnauben und Tosen des herankommenden Zuges. Jetzt mußte bald, wie jedesmal, die Hemmung dieser Lawine von Kraft erfolgen, die Verzögerung des Dampfauspuffs, ja dessen völliges Aussetzen und dann der kreischende Ton der Bremsen; auch Pujot pflegte dann sein Fahrzeug langsamer rollen

favour towards the old folk done by Pujot, who brought them their nestling from Paris for nothing, willingly and gratefully, for they had fed him when a poor orphan-boy and let him finish school. Mlle Lupart often had pressing studies to attend to, and naturally they had to feel respect for the considerable knowledge the Sorbonne demanded of a student – her parents no less than Léon. The latter would then rattle sorrowfully on his way. On such occasions the return jouney was a yawning void. Pujot always felt himself a bit hard done by. If she set so little store on accompanying him in the drive, so what! – True, she must have friends amongst the students, perhaps a lover even, for what could one actually know? And he, Pujot, was only a chauffeur, even if he was one who had his own taxi. And besides, there in Nancy as well was a certain young gent who seemed to disapprove when Adèle turned up in Pujot's taxi – Léon had already noticed that much. Well, there it was, to hell with it! –

He almost always drove away from the Rue de Vaugirard at the same time. If she was with him, they would drive taking things as they came and suiting her mood, fast or slow, making one, two or three halts. But when Léon was alone – and of late this happened very often, had almost already become the rule, as he had to admit! – then he would stick punctually to his time-table and speed, seeking to match the scheduled trains, all of which he was already familiar with; and by playing this game he helped to make the time go by. For instance, there was the fast train, Paris–Strasbourg: Léon was in the habit of overtaking this at a smaller station, where the train had a one-minute stop. On this occasion, too, the plume of steam billowed punctually towards him. Léon drove through the little town and on towards the station building, past which his road ran. To the right, behind him, on the railway embankment, still distant, the puffing and roaring of the approaching train gained volume. Now, as always, the curbing of this avalanche of power must soon ensue, the slowing down of the expelled steam, indeed its complete cessation, and then the screeching sound of the brakes; Pujot, too, would then

zu lassen, bis die heiße finstere Masse der Lokomotive ihn rechter Hand überholte und der Zug klappernd Waggon auf Waggon vorbeiglitt auf das Stationsgebäude zu.

Jedoch, diesmal geschah nichts von allem diesem Erwarteten. Im vollen Schwunge ihres überwältigenden Dahinstürmens, tobend und zitternd von Kraft, schoß die Lokomotive heran. Pujot, überrascht, verlangsamte die Fahrt noch mehr und hielt jetzt gerade vor dem Eingang zur Station; er betrachtete den heransausenden Zug mit seinen sieben langen Waggons, deren gelbe Fenstervorhänge überall wegen der blendenden Sonne herabgelassen waren. Aus dem Gebäude stürzte plötzlich ein Mann in der Uniform des Bahnbeamten, der Stationschef vielleicht, fuchtelnd und schreiend und sich verzweifelt mit beiden Händen am Kopfe fassend. «Der Zug! der Zug!» schrie er Pujot zu. Der Schnellzug hatte eben jetzt die Station verlassen und eilte mit wehender Dampffahne in voller Fahrt davon. Die Strecke machte hier einen weiten Bogen, man konnte den Zug mit den Augen verfolgen. Pujot setzte plötzlich seinen Wagen in Bewegung, ohne ein Wort zu sprechen oder eine Frage zu tun. Als er die paar Häuser hinter sich gelassen hatte, gab er Vollgas, der Motor heulte auf und das Tachometer sprang hinauf von Ziffer zu Ziffer, bis auf 108. Die Straße verließ hier den Bahndamm und lief durch etwa fünfzehnhundert Meter ziemlich gradeaus, ungefähr in der Sehne des Bogens, den das Bahngeleis beschrieb, um dann, nach der Kurve des Bahnkörpers, sich wieder an diesen anzuschmiegen: Pujot erreichte mit seinem Wagen diesen Punkt etwa zweihundert Meter vor dem herankommenden Zuge. Nun führte die Straße dicht neben dem Damme, der hier an Höhe abnahm. Pujot sah sich einen Augenblick um, blickte scharf voraus: da gab es wieder eine leichte Kurve nach links und dort eben lagen Bahngeleis und Straße nahezu gleich hoch. Er drosselte ein wenig das Gas, nun war die Maschine hinter ihm, er hielt sich jetzt genau gleich schnell neben ihr, führte den Wagen dicht am rechten Straßenrande und richtete sich ein wenig auf, so daß seine halb sitzende, halb nach vorne über den Volant gebeugte Haltung

let his vehicle travel more slowly till the hot, swarthy mass of the locomotive overtook him on the right, and with a clatter the train slid past, coach after coach, pulling into the station building.

This time, however, none of all these expected occurrences took place. With the full momentum of its overwhelming onward rush, raging and pulsing with power, the locomotive came hurtling along. Pujot, astounded, slackened his speed yet more and now halted just before the station entrance; he watched the train careering towards him with its seven long coaches, on which the yellow window-curtains were everywhere pulled down because of the dazzling sunshine. Suddenly a man wearing the uniform of a railway official, the station-master perhaps, rushed from the building, gesticulating and shouting and clutching despairingly at his head with both hands. "The train! The train!" he shouted to Pujot. The fast train had now just left the station and, with its plume of steam billowing out, went dashing on its way at full speed. The track here swung in a wide arc; one could keep the train in view. Pujot suddenly got his taxi moving, without saying a word or asking any question. When he had left the few houses behind, he thrust hard on the accelerator, the engine let out a rising whine, and the speedometer leapt up from figure to figure till it reached 108. The road here left the embankment and ran fairly straight for almost fifteen hundred metres, as it were along the string of the bow which the railway track here described, to hug closely alongside it once more at the end of the curve followed by the permanent way: Pujot reached this point with his taxi about two hundred metres ahead of the oncoming train. Now the road ran close beside the embankment, which here decreased in height. Pujot took a look round for a moment, glanced intently ahead: there came another slight curve to the left and just in that stretch the railway line and the road lay practically at the same level. He throttled back a bit, now the engine was behind him, he kept on next to it at exactly the same speed, steered the taxi close to the road's right edge and craned slightly upwards so that his posture, half seated, half bent forwards across the steering wheel, assumed some similarity to

Ähnlichkeit mit der eines Rennreiters gewann. Er lugte scharf nach dem Führerstand, konnte aber dort niemand bemerken. Da setzte die Kurve an. Zwei Schritte kaum von Pujot entfernt donnerte die Maschine. Jetzt verriß Léon den Wagen brutal nach rechts, gegen den Zug zu, und sprang. Er stieß sich mit wilder Kraft von dem Fahrzeug ab, gab ihm gewissermaßen einen verabschiedenden Fußtritt, während sein Auge mit höchster Anspannung die Tritte zum Führerstand der Maschine erfaßte, Léon wurde gegen die Tenderwand geschleudert, klammerte sich, vom Stoß und tobenden Lärm betäubt, an die eisernen Sprossen, die daran emporführten, kam von Sprosse zu Sprosse hoch, vom Sturmwind der Fahrt umwettert, gelangte in den Tender und taumelte ohne Gleichgewicht nach rückwärts auf den Kohlenhaufen und für einige Augenblicke in Bewußtlosigkeit hinein: aus dieser riß er sich in wildem Schrecken empor, in einem Augenblicke, der allen Willen, den er je im Leben besessen, versammelte. Er stürzte nach vorn in den Führerstand.

Hier lagen zwei Bündel in blauen Arbeitskleidern auf dem Boden, Heizer und Führer, beide mit dem Gesicht nach unten. Pujot rüttelte die Leute. Sie regten sich kaum. Er ließ ab, von dem einzigen Gedanken besessen, die Fahrt zu verlangsamen.

Aber eben, als seine Hand nach dem Reversierhebel zuckte, packte ihn die brave Besonnenheit des arbeitenden Menschen förmlich am Genick, hielt ihn die eigene klare Vernunft gebieterisch ab. Wozu diese Gewalt, wozu den furchtbaren Ruck des Konterdampfes in solcher voller Fahrt?! Er zwang seine Hand zurück, er griff nicht nach rechts neben das Seitenfenster, sondern gradaus in die Mitte und führte mit ruhiger Bewegung den großen Hebel über den blanken Viertelkreis aus Messing von rechts nach links herüber, auf diese Weise den Dampf absperrend. Nun beugte er sich aus dem Fenster, während seine braune Faust auf der Bremse lag. Er spähte nach vorn. Die Strecke zog sich weithin sichtig, frei, kein Signal voraus. Er sah nach rückwärts über den Bogen des Geleises: auch hier nirgends ein Signalmast, er mochte sich also mit dem Zuge wohl

a racing jockey's. He peered sharply towards the driver's cabin but could not make out anyone there. Now the curve was beginning. Hardly two paces distant from Pujot the engine thundered along. Now Léon wrenched the taxi fiercely to the right towards the train and jumped.

He thrust himself away from the vehicle with savage energy, gave it a farewell kick as it were, while his gaze, utterly intent, fastened on the steps to the driver's cab. Léon was flung against the side of the tender, clung, numbed by the jolt and the frantic din, to the iron rungs which led up it, mounted from rung to rung, the blustering wind caused by their speed surging around him, got inside the tender and, losing his balance, stumbled backwards on to the mound of coal and for a few moments lapsed into unconsciousness: he jerked himself out of it in frantic terror, in a moment which concentrated all the will-power he had ever possessed in his life. He dashed forward into the driver's cabin.

Here two bundles draped in blue working clothes lay on the floor, the stoker and driver, both face-downwards. Pujot shook the men. They hardly stirred. He desisted, obsessed by the sole thought of reducing speed.

But just as his hand was darting towards the reversing lever, the solid prudence of the working man practically seized him by the scruff of the neck, his own clear thinking imperiously bade a halt. Why this violence, why the terrible jolting caused by counterthrust at such full speed? He forced his hand back, he did not clutch to the right, next to the side-window; instead, straight in front in the centre, and with a calm motion steered the great lever from right to left across the gleaming brass quadrant, so cutting off the steam. Now he leaned out of the window while his brown fist rested on the brake. He peered in front of him. The line lay visible for a good distance, clear, no signal ahead. He looked to the rear across the arc of the track: here, too, no signal-post anywhere, so he and his train were probably located half-way between two semaphores, one of

gerade zwischen zwei Semaphoren befinden, deren einer zweifellos bei der letzten Station zu denken war. Während seine Hand langsam und maßvoll Preßluft gab, verringerte sich die Geschwindigkeit der Fahrt mehr und mehr, das Ungeheuer von Maschine gehorchte den winzigen Griffen des Menschen. Nun glitt der Zug ganz sachte dahin. Léon sah den Wasserstand nach, fand ihn nur wenig gesunken, ebenso das Manometer, der Dampfdruck stand einen Teilstrich tiefer, als die Vorschrift für diese Zugsgattung war, jedenfalls beruhigend weit von der roten Marke. – Nun, jetzt hörte er endlich die Stimmen, die ihm vielleicht schon lange zugeschrien hatten: aus dem Dienstwaggon hinter dem Tender nämlich: die Zugsbeamten. Freilich, sie hatten den Vorgang beobachtet. Als die Maschine stand, kamen sie alle heraufgeklettert.

Das war ein Gerede! Diese Menschen, aus aufsteigender Todesangst befreit, konnten sich nicht genugtun. Freilich, sie mußten wohl als die ersten das Unnormale jener Durchfahrt durch die letzte Station bemerkt haben, außer ihnen wohl vor allem noch der oder jener im Zuge, der etwa auszusteigen gewünscht hatte. Aber die Pariser, die grad' einmal unter der Zeit nach Nancy oder Straßbourg hinübermußten, die ahnten gewiß nichts. Oder sie sagten sich einfach, der Aufenthalt sei eben aufgelassen, oder sonstwie... Unter solchen durcheinanderschwirrenden Reden und heftigen Ausrufen der Bewunderung für Pujot, dessen Manöver man beobachtet hatte, wurde die ohnmächtige Mannschaft der Maschine, Führer und Heizer, auf den Rücken gelegt, gerüttelt, gerieben, beklopft, behorcht – aber die beiden Männer blieben noch immer tief bewußtlos, ohne daß an ihnen irgend ein Zeichen äußerer Gewalt zu entdecken war. So kam man doch schließlich auf die Notwendigkeit, endlich weiterzufahren. Von den Beamten wollte sich niemand recht auf die Bedienung einer Schnellzugsmaschine verstehen, und so übernahm am Ende Pujot, der solchen Dienst ja eigentlich auch nie versehen hatte, die Aufgabe, den Zug bis zur nächsten Station zu bringen: als Hilfe erbat er sich einen der Schaffner. Denn das Manometer begann zu sinken und Pujot brauchte einen Heizer. Der

which might certainly be assumed to exist at the last station. As his hand released compressed air at a slow, measured rate, the speed they were travelling at decreased more and more, the monstrous engine obeyed the man's puny manipulations. Now the train was gliding along quite gently. Léon inspected the water-level, found that it had only sunk slightly, ditto the manometer; steam-pressure was a fraction lower than the regulations laid down for this class of train, at all events stood reassuringly remote from the red mark. – Well, now at length he heard the voices which had perhaps been shouting in his direction a long while: that's to say from the service coach behind the tender: the railway officials. Of course, they had observed what had happened. When the engine was stationary, they all came clambering up.

Some jabber! These folk, freed from the mounting fear of death, were insatiable. True, they were presumably the first to have noticed the oddity of their transit through the last station, and apart from them no doubt, this or that traveller on the train in particular who had perhaps wished to alight. But the Parisians who just once in a while had to make the journey to Nancy or Strasbourg – they certainly suspected nothing.

Or they just told themselves the halt had simply been omitted, or some such thing ... Amid such a maze of cross-talk and impassioned cries of admiration for Pujot, whose manoeuvres had been watched, the unconscious engine-crew, driver and stoker, were placed on their backs, shaken, rubbed, tapped, auscultated, but the men still remained in a deep coma, although no sign of external violence could be detected. So in the end the necessity still had to be faced of at last moving on. No one among the officials was prepared to admit he had the full hang of how to run an engine on a fast train, and so finally Pujot, who after all had also actually never done such a job, took on the task of bringing the train to the next station: he requested one of the conductors to help. For the pressure-gauge was beginning to fall and Pujot needed a stoker. The fellow tossed off his

Bursche warf lustig die Jacke ab, setzte nach Pujot's Anweisung die Pumpen in Tätigkeit, öffnete das runde Maul der Feuerbox und begann Kohlen zu schaufeln. Rasch und unauffällig wurden nun die beiden Ohnmächtigen in den Dienstwaggon geschafft, vorsichtigerweise auf jener Seite des Zuges, wo der Sonne halber kaum ein Fenster ohne herabgelassenen Vorhang war.

Pujot brachte seinen Train wieder in Bewegung. Mit wahrer Freude gab er ein wenig Dampf, setzte den Hebel ein paar Striche nach rechts herüber und gleich wieder zurück, um anzufahren. Die metallenen Glieder streckten sich, der Dampf donnerte aus dem gedrungenen Schlot, der Zug glitt. Pujot rückte den Hebel: das Tempo stieg. Pujot beugte sich hinaus: die Strecke war frei.

Pujot führte seinen geretteten Schnellzug. Er ging auf 80 und 90 Stundenkilometer hinauf. Den Beamten im Dienstwaggon mochte bang werden bei dieser Fahrt, aber der Dienstführende, der bei Pujot und seinem Heizer auf der Maschine geblieben war, verzog keine Miene und betrachtete schweigend Léon's selbstverständliche und ruhige Hantierung. Dieser sah auf die Strecke. Der niedere Mast eines Vorsignales wurde sichtbar, jedoch die Scheibe lag waagrecht geklappt, ‹frei›. Pujot hatte schon Verspätung mit seinem Schnellzug, der voranfahrende Train mochte die vorliegende Blockstrecke wohl längst verlassen haben. Als der Hochmast des Blocksignales selbst auftauchte, wies der gehobene Arm ordnungsgemäß auch auf freie Fahrt. Pujot donnerte vorbei. Er fühlte auf seinem Führerstand hier noch immer jene Bewegung nach, mit welcher er beim Abstoßen seinem einstmaligen Fahrzeug – jetzt wohl ein Trümmerhaufen! – einen gewissermaßen verabschiedenden Fußtritt versetzt hatte. Eine Straße lief quer durch die Landschaft, Schranken kamen. Pujot ließ die Sirene brüllen. Es war ein Ton, gegen den sich das Signalhorn seines Wagens wie Ferkelgequieke ausnehmen mochte. – Er setzte bei einer sanften Kurve den Dampfhebel um ein paar Striche zurück, führte ihn wieder nach rechts und gewann neuerlich volle Fahrt.

Jetzt aber, in dem grünen Wogen der Landschaft, erschienen

jacket with a will, set the pumps going in accordance with Pujot's instructions, openend the round mouth of the fire-box and began to shovel coal. First and without fuss, the two unconscious forms were carried to the service coach – as a precaution on that side of the train where, owing to the sun, there was scarcely a window without a drawn curtain.

Pujot set his train in motion again. With real pleasure he released a little steam, set the lever a few points to the right and then immediately back once more, to get under weigh. The metal limbs stretched themselves, steam thundered from the squat funnel, the train slid forward. Pujot moved the lever: the rate increased. Pujot leaned out: the line was clear.

Pujot was driving the fast train he had saved. He put on speed up to 80 and 90 kilometres an hour. Such a pace might give the officials in the service coach the jitters, but the one in charge, who had stayed in the engine with Pujot and his stoker, didn't bat an eyelid and watched Léon's calm and matter-of-fact way of operation in silence. The latter was watching the line. The lower post of an advance signal hove into view, but the disk lay set in the horizontal position, 'clear'. Pujot's fast train was already delayed, the train travelling in front had probably long since left the block-section ahead. When the high post of the block-signal itself showed up, its raised arm also indicated all clear ahead in the prescribed way.

Pujot thundered past. Here in his driver's cab he could still feel in retrospect that movement in which, as he thrust himself away, he had so to speak given his erstwhile taxi – now doubtless a heap of scrap – a farewell kick. A road ran slantwise across the landscape, level-crossing barriers approached. Pujot let his whistle blare. It was a sound compared with which the horn on his taxi seemed no more than the squealing of piglets. – At a gentle curve he pulled the steam-regulator back a few degrees, steered it back to the right once more and again attained full speed.

Now however, amid the green surging of the landscape, spiky

Zacken und gerade Striche, erschienen Dächer, Türme, eine Häuserzeile sprang in's Blickfeld, lief weithin. Pujot drosselte die Dampfzufuhr. «Ganz langsam mit Signal einfahren!» sagte der Zugführer. «Die haben doch schon ein Telegramm – und was für eines! Heiliger Bimbam!» Pujot stellte den Dampf fast ab, gab Preßluft, ließ die Sirene heulen –

Da begann mit Weichen, Geleisen, Prellböcken der Bahnhof. An einer Weiche, wo ein Industriegeleis weit hinaus in's Land zweigte, standen viele Menschen, Bahnbeamte. Pujot hielt.

Diese Leute hatten den heranrasenden führerlosen Schnellzug erwartet mit allen Vorkehrungen, die der Mensch in seiner Ohnmacht eben noch hatte treffen können. Und nun glitt dieser fürchterliche Zug – den man während der letzten Minuten dann bereits für verunglückt halten mußte, seines Ausbleibens wegen – nun glitt dieser Zug ganz sachte mit lautem Signal heran und von der Maschine sahen Menschen herab.

Aufklärung, Erklärung, namenlose Erleichterung, Umarmungen und Küsse für Pujot von seiten des weißhaarigen Stationschefs, Amtshandlung, genaues Protokoll über die Angaben der Augenzeugen, Entsendung einer Kommission an die Stelle, wo das zerschmetterte Automobil liegen mußte, Bahnarzt, Untersuchung der beiden Ohnmächtigen, die ein wenig zu Bewußtsein gekommen waren –

Es stellte sich heraus, daß die Leute als Frühstück Büchsenfleisch verzehrt hatten, das offenbar verdorben gewesen war: schwere, akute Vergiftungserscheinungen.

Inzwischen war die Maschine geprüft und von neuer Mannschaft bestiegen worden. Langsam setzte sich der Zug wieder in Bewegung, fuhr in die Station ein. Aus den Fenstern sah da und dort ein Neugieriger.

Pujot, der immer wieder auf die Schultern geklopft wurde, starrte derweil seinem schönen entgleitenden Schnellzug nach. Man redete auf ihn ein, versicherte ihn des vollen Ersatzes für seinen Wagen: an dies alles hatte er bisher noch nicht gedacht. Der Zug verschwand im Bahnhofe.

shapes and straight lines appeared, roofs, towers appeared, a row of houses entered the field of vision, ran into the distance. Pujot throttled the steam-supply. "Drive in quite slowly, sounding your whistle!" said the train supervisor. "After all, they've already got a wire – and what a facer! Holy smoke!" Pujot turned off the steam almost completely, released compressed air, let his whistle screech –

Now switches, tracks, buffers: the beginning of the station. At a switch, where an industrial siding branched off into the country side, people were standing, railway officials. Pujot came to a stop.

These folk had been awaiting the driverless fast train, rushing on its way, with all such precautions as man, in his impotence, might still have just managed to devise. And now this frightful train – which during the last few minutes, owing to its non-appearance, they had already been obliged to think had met with disaster – now this train was gliding along quite gently towards them, emitting a loud signal, and people were gazing down from the engine.

Enlightenment, explanation, unspeakable relief, embraces and kisses for Pujot bestowed by the white-haired station-master, official transaction, exact recording of the evidence of witnesses, dispatch of a commission to the spot where the wrecked car must be lying, railway doctor, examination of the two unconscious persons, who had recovered their senses a bit.

It emerged that for breakfast the two men had eaten tinned meat which had clearly gone bad: grave, acute symptoms of poisoning.

Meanwhile the engine had been tested and boarded by a fresh crew. Slowly the train set itself in motion once more, pulled into the station. Here and there a curious passenger gazed from the windows.

Pujot, who was repeatedly being patted on the shoulder, meanwhile stared after his beautiful fast train as it glided away from him. People kept on talking away at him, assuring him of full compensation for his taxi: so far he had not thought about all that. The train vanished inside the station.

Nun, sobald kam Pujot nicht zum Heimfahren nach Nancy. Man setzte sich telephonisch mit der Direktion in Paris in Verbindung und meldete. Man feierte Pujot und manches Glas Wein wurde auf ihn geleert. Endlich, nachmittags, konnte er mit irgendeinem Zuge weiterkommen.

Als Léon in Nancy den Bahnhof verließ, trat er mit einem Gefühle auf die Straße, als sei alles Bisherige seines Lebens hinter ihm abgerissen. Der Abend begann am Himmel zu erglühen, er ging abwesend durch die Straßen und stieß, um eine Ecke tretend, geradewegs auf Adèle Lupart, die am Arm eines jungen Herrn daherkam, den Pujot bereits zu beobachten Gelegenheit gehabt hatte. Er grüßte, konnte jedoch seine Überraschung nur schlecht verbergen.

«Guten Abend, Herr Léon», sagte sie, «wie geht's und warum sehen Sie mich so erstaunt an?»

«Ich war heute morgen mit dem Wagen in der Rue de Vaugirard», entgegnete er, plötzlich zögernd, fast träge.

«Ja, ich bin einmal ausnahmsweise mit der Eisenbahn gefahren», sagte sie lustig, «wir waren eine kleine Reisegesellschaft – wir sind morgens gefahren, mit dem Straßbourger Zug –»

«Wie – 8 Uhr 20 –?»

«Ja, doch, es ist der beste –», und plötzlich blickte sie ihn tief verwundert an, ja von Unruhe erfaßt und beinahe gekränkt.

Pujot hatte kurz gegrüßt und war verschwunden. Er lief aus der Stadt hinaus. Ein rasendes Gefühl gewonnener Freiheit durchtobte ihn. Dieses Mädchen war ihm übrigens gleichgültig geworden: und kaum, daß er dies jetzt klar erkannte, vergaß er sie samt dieser Erkenntnis völlig.

Er starrte vor sich hin auf eine Wiese. Wußte er denn, was nun kommen würde, was nun im Einzelnen zu tun war? Nein – aber er fühlte sich über sein armes persönliches Leben in weitestem Maße erhaben. Eine Entscheidung war getroffen, eine zweite Geburt war vollzogen worden. Es gab mehr, weit mehr im Leben zu holen, als die sieben Sachen, die man so anstrebte und dann mit sich

Well, it was some time before Pujot could set about travelling home to Nancy. They got in touch by phone with the top management in Paris and reported. Pujot was acclaimed and many a glass of wine emptied in his honour. At length, in the afternoon, he was able to proceed on his way in some train or other.

When Léon left the train in Nancy, he stepped out on to the street with a feeling as if everything that had happened earlier in his life had been bulldozed behind him. Evening was beginning to glow in the sky, he walked absent-mindedly through the streets and, rounding a corner, ran full tilt into Adèle Lupart, who was sauntering along, her arm linked with that of a young fellow whom Pujot had had occasion to notice previously. He gave a greeting but could only make a poor show of concealing his astonishment.

"Good evening, Monsieur Léon," she said, "how are you and why are you looking at me in such surprise?"

"I was in the Rue de Vaugirard this morning with my taxi," he rejoined with sudden hesitation, almost languidly.

"Yes, for once in a way I travelled by train," she said cheerfully, "a small party of us made the trip – we left in the morning on the Strasbourg train –"

"What – the 8.20 – ?"

"Yes, just so, it's the best –" and suddenly she looked at him with astonishment, even seized with disquiet and almost as though hurt.

Pujot had given a brief salute and had disappeared. He dashed away outside the town. A frenzied feeling of liberation gained was raging through him. Incidentally, that girl had become a matter of indifference to him: and hardly had he now clearly recognized this than he utterly forgot her along with this perception.

He stared in front of him at a meadow. Did he then know what would now happen, what, in detail, ought now to be done? No – but he felt himself exalted in the highest degree above his sorry personal life. A decision had been taken, a second birth had been accomplished. There was more, far more to be got from life than the bits and pieces one sought with might and main and then dragged along on

weiterschleppte. – Sollte er trachten, Lokomotivführer bei den Staatsbahnen zu werden? Der Gedanke erfreute ihn, aber nur durch einen ganz kleinen Augenblick: dann war diese arme Einzelheit vom neuen Grundgefühle überrannt, beiseite geschoben. Jedenfalls – er wird nicht in Nancy bleiben. Vor allem jedoch: er wird zuinnerst nicht mehr in einem engen Leben bleiben, das über seine eigene Person nicht hinausgegangen war. Gegen dieses Neue aber erschien jeder äußere Plan zunächst belanglos.

one's back. – Should he endeavour to become an engine-driver on the State Railways? The idea pleased him – but only for a brief moment: then this single paltry item was overwhelmed, pushed aside by that new basic sentiment. At all events – he is not going to stay in Nancy. But above all: in his heart of hearts he will no longer linger in a straitened existence that had not ventured beyond his own person. Compared with this new awareness, however, every external plan seemed, for the time being, without importance.

Sprachen lernen und Literatur lesen... Auf der folgenden Seite sind einige Bände der Taschenbuchreihe dtv zweisprachig angezeigt. Ein Gesamtverzeichnis der Reihe (hundert lieferbare Titel) ist erhältlich beim Deutschen Taschenbuch Verlag, Postfach 400422, 8000 München 40.

englisch-deutsch

Jack London: Seven Great Stories / Sieben Meister-Erzählungen. – dtv 9227

französisch-deutsch

Alphonse Daudet: Lettres de mon Moulin / Briefe aus meiner Mühle. – dtv 9221

italienisch-deutsch

Amore all'italiana / Italienische Liebesgeschichten. Berto, Bigiaretti, Céspedes, Moravia, Pratolini, Prisco, Quintavalle, Soldati. – dtv 9225

spanisch-deutsch

Cuentos populares españoles / Spanische Volksmärchen. Illustriert. – dtv 9204

russisch-deutsch

Russische Meistererzählungen. Dostojewskij, Gogol, Gorkij, Lesskow, Puschkin, Tolstoj, Tschechow, Turgenjew. – dtv 9201

lateinisch-deutsch

Ovid: Metamorphoses / Verwandlungen. Eine Auswahl. – dtv 9180